Knock-the-knowing 012

《思いのままにお金を集める》

Dr.苫米地式 資産運用法なら誰もが絶対にrichになれる!

Hideto Tomabechi Ph.D
苫米地英人

はじめに

私はお金を集めることが上手です。

上手というのは「必要な分を必要な時に必要なだけ手に入れる」のが得意という意味です。

実際これさえできれば、お金に困るという人は出てこないでしょう。

本書の目的は、読者であるあなたをこの状態に一歩でも近づけることにあります。

これさえ身に付けてしまえば、貯金の必要もなければ、そもそもお金で悩むこともありません。

思いのまま。自由に生きることができます。

しかし、多くの人はこの状態になっていません。

なぜそうなのかといえば、ある勘違いをしているからです。仕事とお金の関係を誤解しているから、思いのままにお金を集めることができないのです。

考えてもみてください。

あなたがサラリーマンであって、いまよりももっとお金を稼ぎたいと思った時、とるべき手段はおおむね2つです。

ひとつ目は、いまやっている仕事をより一層励んで、昇給や賞与の増加、歩合給ならば歩合を上げるようにすること。

もうひとつは、副業に励む、といったところでしょう。

しかし、これらをどれだけ頑張ってもなかなか満足のいく結果は出ないのではないでしょうか？

当然です。この2つはお金を稼ごうと思った時に、一番やってはいけない方法だからです。

お金を得たいと思った時に最も選択してはいけないやり方とは「仕事で稼ごうとする」ことなのです。

もちろん、私は、仕事でお金を稼ぐことが悪いと言っているわけではありません。

ただ単に「仕事で稼ごうとするのは効率的ではない」と言いたいのです。

仕事は仕事。お金儲《もう》けはお金儲け。まったく別物なのです。であるのに、この2つを一緒にしているから、効率的にお金が集まってこないのです。

そもそもお金とは人間が考えたシステムです。

システムですから、システムに則《のっと》ったやり方をした人が最も集金力があるのは当然です。もし理解できないというなら、現実世界をご覧になってください。

株の世界ではほとんど何もせずに儲けている人たちがどれほどいることか。もちろん、株をやっている人が儲けているわけではありません。儲けているのは、人々に株をやらせている側の人間たちです。

競馬で儲けているのは、馬券を当てた人でしょうか？　違います。一番儲けているのはJRAです。

つまり、ゲームはプレイヤーではなく、主宰者が一番強いのです。

政府がカジノを経営したがるのも同じ論理です。

システムを知ること。まずはこれが重要なのです。リッチになるには、このシステムを知らなければ無理なのです。といっても、それを知っただけでは依然、システムの中で動かされる駒《こま》のままです。

大切なことは、このシステムを使っていかにして、集金能力を高めるか。そのためにできることは、そう多くはありません。

逆に言えば少ない選択肢の中から、そこに力を集中させることで、私たちは立場を逆転させることが可能なのです。

では、その選択肢とはなにか？

それはお金を上手に使うことです。上手に使うことで、私たちはマネー・システムの中でうまく立ちまわることができるようになるのです。

そもそも稼いでいる人はなぜ稼ぐことができるのでしょうか？

それは、「お金とは、お金を上手に使ってくれる人のところにしか集まってこないことを理解している」からです。逆に言えば、お金が集まってこない人は、お金を上手に使っていないのです。

例えば、元経団連会長の米倉弘昌氏は日本の財界のトップです。企業家としては日本でも有数の人物で年収も1億2000万円ほどあります。その一方、ソフトバンクの孫正義氏の年収は100億円近くあります。なぜ、元経団連会長ともあろう者が孫氏の100分の1の年収なのでしょうか？

それはお金の使い方がヘタだからです。意外に思うかもしれませんが、元経団連会

日本順位	世界順位	名前	資産総額	年齢	関連事項
1位	42位	孫正義	184億ドル	56	ソフトバンク
2位	45位	柳井正一家	179億ドル	65	ファーストリテイリング(ユニクロ)
3位	132位	三木谷浩史	93億ドル	49	楽天
4位	207位	滝崎武光	66億ドル	68	キーエンス
5位	295位	毒島邦雄一家	49億ドル(4990億円)	88	三共(SANKYO)
6位	354位	森章一家	42億ドル(4280億円)	77	森トラスト
7位	446位	伊藤雅俊	35億ドル(3560億円)	89	セブン&アイHD
8位	446位	高原慶一朗	35億ドル(3560億円)	82	ユニ・チャーム
9位	466位	韓昌祐一家	34億ドル(3460億円)	83	マルハン
10位	609位	三木正浩	28億ドル(2850億円)	58	エービーシー・マート
11位	663位	重田康光	26億ドル(2650億円)	49	光通信
12位	687位	永守重信	25億ドル(2550億円)	69	日本電産
13位	796位	馬場功淳	22億ドル(2240億円)	36	コロプラ
14位	828位	孫泰蔵	21億ドル(2140億円)	44	ガンホー・オンライン・エンターテイメント
15位	1046位	多田勝美	17億ドル(1730億円)	68	大東建託
16位	1092位	田中良和	16億ドル(1630億円)	37	グリー
17位	1210位	上月景正	14億ドル(1430億円)	73	コナミ
18位	1210位	森佳子	14億ドル(1430億円)	73	森ビル
19位	1210位	安田隆夫	14億ドル(1430億円)	64	ドン・キホーテ
20位	1270位	岡田和生一家	13.5億ドル(1370億円)	71	ユニバーサルエンターテインメント
21位	1284位	似鳥昭雄	13億ドル(1320億円)	70	ニトリ
22位	1356位	福武総一郎	12.5億ドル(1270億円)	68	ベネッセホールディングス
23位	1356位	前澤友作	12.5億ドル(1270億円)	38	スタートトゥデイ
24位	1465位	佐治信忠	11億ドル(1120億円)	68	サントリー
25位	1465位	里見治	11億ドル(1120億円)	72	セガサミーホールディングス
26位	1540位	神内良一	10.5億ドル(1070億円)	87	プロミス
27位	1565位	上原昭二	10億ドル(1020億円)	86	大正製薬

出典：フォーブス世界長者番付 2014 年版、Forbes.com

長はお金の使い方が上手ではありません。上手ではないから100分の1なのです。

もうひとつ例を挙げましょう。

レストランに入って、そこの料理がマズかったら、あなたは次もその店に行きますか？

マズ過ぎて逆に凄《すご》い、ということでもない限り、まず二度目はないでしょう。そういう店はやがて潰《つぶ》れるでしょうが、多くの人は、料理人の腕が悪かったからだと考えます。もちろん、それには一理ありますが、お金という観点で見れば、その料理人は、経団連の元会長同様、お金の使い方がとてもヘタなのです。料理の腕ではなく、お金の使い方がヘタだから店を潰したのです。

お金の使い方がうまいか、ヘタか？

その差によって、年収が100分の1になったり、店を潰したりということが起きるのです。

一体、なぜ、そんなことが起きるのでしょうか？

それはお金を作ったのが人間であり、使うのもまた人間だからです。人が使う以上、人間の習性から逃れることはできないのです。

この習性を熟知しているからこそ、孫氏は100倍の年収をあげているし、私も自分が必要な時に必要なだけお金を集めることができるのです。

本書では、いまいったお金儲けに関する、重要なポイントについて解説しながら、リッチになる道を指し示します。

それではここで、各章で紹介することを簡単に解説しておきましょう。

第1章　お金の使い方

この章では、お金を上手に使うための予備知識について解説していきます。

第2章　なぜ上手にお金を使えないのか

この章で伝えたいことは、なぜ多くの人がお金を上手に使えないのか、その理由を説明します。さきほど言った元経団連会長がなにゆえお金の使い方がヘタなのかがここを読めばわかります。

第3章　お金を儲《もう》ける方法

どうすれば、お金を上手に使えるようになるのか、その方法を伝授していくものになります。

第4章　資産を作るメンタリティ

お金持ちになったあと、私たちはどうすればいいか。苫米地式資産運用法の妙をここではご紹介しましょう。

第5章　rich

ここでは本当のrichとはいかなるものかを解説し、お金を使って本当に幸せになる方法をお伝えいたします。

さて、たぶん、本書を開いた人の多くはこんな思いで日々を過ごしているのではないでしょうか。

お金のためとはいえ、俺はなんでこんな仕事をしているのだろうか？

この会社でいくら頑張ってもたぶん見返りがない、どうすればいいのか？

俺の人生、こんな程度のものだったのか……。

そんな辛く苦しい思いをするのはもう終わりにしましょう。

やりたいことをやって、しっかりお金を儲ける。
お金を上手に使えるようになれば、それは誰にだって可能なのです。

Knock the Knowing 012

《思いのままにお金を集める》
Dr.苫米地式資産運用法なら誰もが絶対にrichになれる!

目次

第2章 なぜ上手にお金を使えないのか

第4章 資産を作るメンタリティ——105

写真　中谷航太郎
ブックデザイン　鈴木成一デザイン室
編集協力　中村カタブツ
校正　広瀬 泉

第1章
お金の使い方

貧乏を実感しやすい国・日本

私のもとにはいろんな悩みを持った人がやってきます。

特に、多いのはお金に関する相談で、「お金持ちになるにはどうすればいいのですか？」といったものです。

なぜ、こんな悩みを多くの人々が持つのかと言えば、日本は世界の中でもとりわけ貧乏を実感しやすい国だからです。

世界的に見て、電気代も家賃も食費も高いのに、国民一人ひとりの収入はそれほど高くはないのですから、普通に暮らしていれば貧しさを感じるのも当たり前でしょう。

それでも、日本人は勤勉ですから収入を上げようとみんな頑張ります。

ところが、皮肉なことに、ここで頑張れば頑張るほどますます困窮感が増してしまうのがいまの日本の実情です。

というのも、日本人の多くはサラリーマンであり、サラリーマンの給料はどれだけ頑張ろうとそう簡単には上がらない仕組みになっているからです。にっちもさっちも

ここ10年くらいのサラリーマン給与の推移

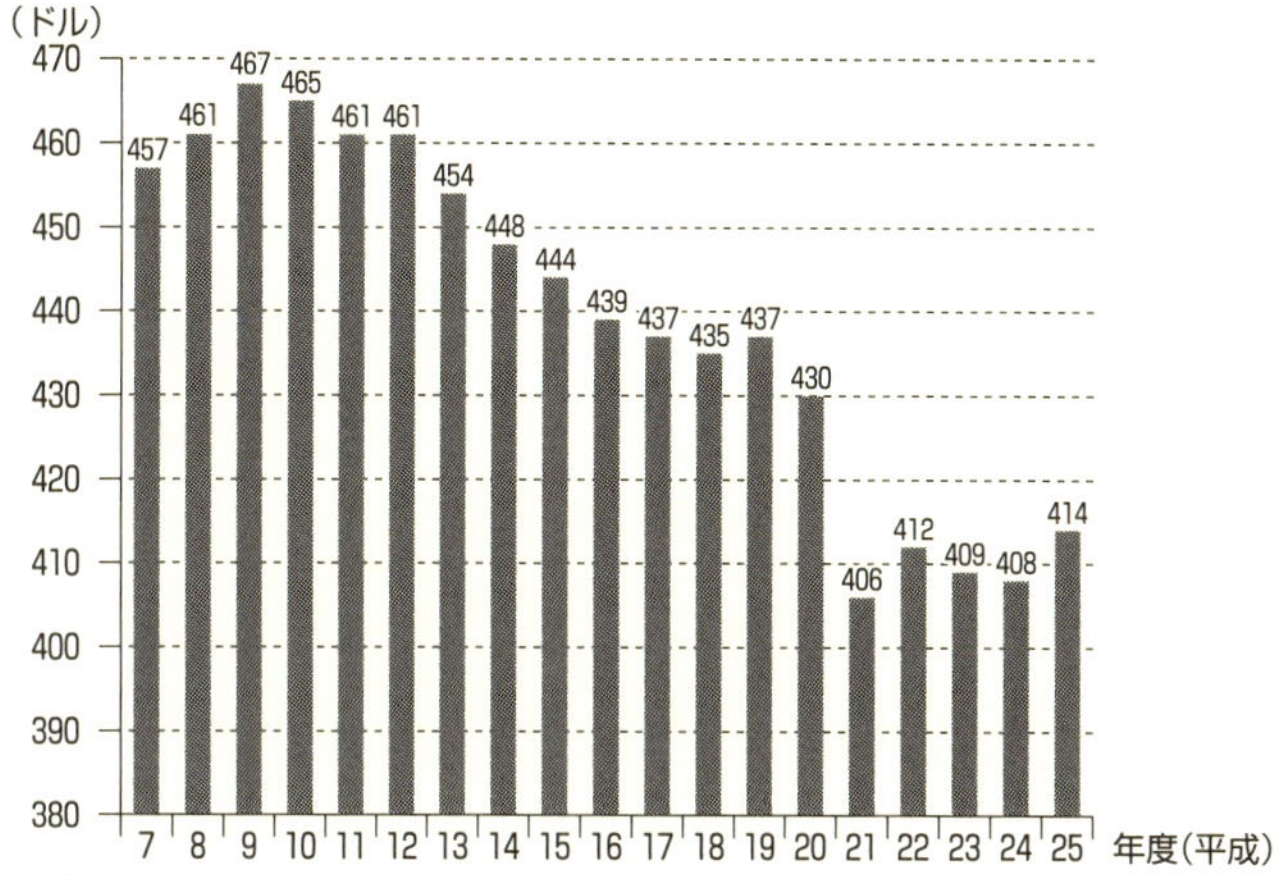

統計元：国税庁／平成25年／民間給与実態統計調査結果

いかないこの状況、一体どうすればいいのでしょうか？

たぶん、多くの人々はひたすら我慢をしています。生活を切り詰め、その一方で勤労に励んでいます。

ところが、そんな人々に対して、政府はなにをしたでしょうか？

なんと増税です。

なんと円安誘導です。燃料費の高騰を招いて不必要な物価高を招いたのです。

この貧しさの理由が私たち個々の能力の低さであるのなら、まだ納得もできるでしょう。しかし、そうではありません。私たちの能力は高いのです。高いからこそ、日本は世界一のお金持ち国となりました。

ところが、日本政府がそれを台無しにしているのです。大企業も内部留保に躍起となり、経済を活性化させようとはしていません。

私たちの貧しさは私たちのせいではないのです。

では、どうすればいいでしょうか?

答えはもう出ています。自分の生活は自分で守るしかない、ということです。しかし、ここで多くの人々が戸惑ってしまうのが、活路の見つけ方がわからない、ということ。頑張る気力は十二分に残っているのに、それをどう活かしていいか、力の向けどころが定まらないのです。

逆にいえば、そこがわかりさえすれば、この状況を突破するのはそう難しいことはありません。

稼げない人は売っている商品を間違っている

活路を見つけるためには、「なぜ頑張っても収入が上がってこないのか」、その理由を知る必要があります。もちろん、不景気がその原因のひとつではあるでしょうが、稼ぐ人は、そんな状況下でも稼いでいます。

かたや、稼げる人がいて、かたや稼げない人がいる。

一体この差はどこにあるのでしょうか？

その答えはたったひとつです。

それは、稼げない人は売っている商品が間違っているのです。

「商品？　売っている？　いやいや、俺は事務職だからモノは売っていないよ」などと思った人もいるでしょう。しかし、事務職でも、その人は商品を売っているのです。

その一方、営業職なら、「俺はこの商品を売っているけれど、これのどこが間違っているんだ？」と思ったでしょう。しかし、その商品は会社側から売るように指示されただけで、別のものを売れと言われたら、すぐ別のものを売るというだけの話。私がいま言っているのはあなたが能動的に売っている商品のことです。

営業職だろうが、事務職だろうが、総合職だろうが、そして、自営業であろうが、仕事で頑張っても収入が上がらない人はみな、一様に〝間違った商品〟を売っているのです。いいえ、もっと正確にいえば、お金になりにくい商品を売っているから、収入が上がらないのです。

彼らが売っている間違ったものとはなにか？

それは会社と交わした契約によって、自分の生命時間を売っているのです。生命時間を売るとは、一言でいえば、労働力を提供することですから、さしたる能力もスキルもいりません。他の人と差し替えることも容易な、単なる歯車ですから、安いのです。

ハッキリ言って、企業に勤めるということは、自分の労働力を売り物にすることであり、それは本質的にはアルバイトと変わりません。福利厚生や解雇しにくいなど、正社員とアルバイトの差は歴然とありますが、それは目クソ、ハナクソを笑うのレベルの話で、やはり本質から遠く離れた話なのです。また、自営業をしている方も、大手企業の下請けであれば同様です。生命時間を売っている限り、高収入は夢のまた夢なのです。

儲けるとは、お金になる商品に変えるだけ

しかし、ここでがっかりするのは早計です。

簡単な話、売り物が悪ければ、変えればいいだけだからです。

生命時間という金にならないものを売るのはもうやめて、ちゃんとお金になるものを売る。そうすれば、高収入を実現させることは可能です。

とはいっても、いきなり、いままでの売り物は悪かったんだ。労働力ではなく、違うものを売るんだと言われても戸惑うばかりでしょう。

「じゃあ、生命時間の代わりになにを売ればいいのか？」「それは一体どんなもので、誰に売ればいいのか？」「そもそもそんなことは可能なのか？」などさまざまな疑問が湧いてくるはずです。

もちろん、本書ではその疑問にお答えしていくわけですが、その前にいくつか解決しておかなければいけない問題があります。

というのも、お金儲けがヘタな人はお金や仕事に対する多くの誤解を持っているからです。持っているからこそ、お金儲けがヘタなのです。

ですから、最初にその誤解をひとつひとつ潰《つぶ》して、しかるのちにお金儲けの方法を伝授しましょう。

それでは仕事についての誤解から解いていきましょう。

まず最初に質問です。

「あなたにとって仕事とはなんですか？　仕事の定義を教えてください」

多くの人にとって、それは生活の糧を得るものという認識でしょう。働からざる者、食うべからず。私たちは子供の頃からそう教えこまれていますから、なんの疑いもなく、仕事はお金を稼ぐものだと思っています。しかし、不思議なことに、「やりたいことを仕事にして、それで生活していくのが理想」とも思っていませんか？

たぶん、思っていますよね。

だから、間違えるのです。

例えば、やりたいことが福祉だったとしましょう。

しかし、これで大金を稼ぐのはかなり難しいでしょう。というのも、福祉をやりたい人は現場に出て、ご老人の介護を直接したい、笑顔が見たいという人たちです。ところが、そういう仕事は現状では賃金が安いのですから、なかなかお金儲けと連動しません。

画家や音楽家にしてもそうです。やりたいことをやることと、お金が稼げることはイコールではないのです。

多くの人はそれを体験的に知っていますから、だからこそ、やりたいことをやって生活するのが理想だと思ってしまうのです。そして、その反動で、やりたくない仕事だけど、お金のためだから仕方ないと思ってしまいます。

しかし、この考え方はどちらの欲求も満たしていません。やりたいこともやっていなければ、お金儲けにもなっていません。

つまり、お金のために仕事をする、というのは最悪の選択だったのです。ここをわかっていない人が意外に多いのです。

「わかった、じゃあ、やりたいことをやってお金にすればいいのか！」

と思った方、申し訳ないですが、それは脳天気というものでしょう。

そうではなく、仕事と、お金儲けはまったく別物であることをはっきり認識することが大切なのです。

お金を稼ぐことと、仕事をすることはなんの関係もない

そもそも仕事とはお金を得るためのものではありません。

自分の機能を社会に提供するためのものです。お金になるとか、ならないとか、そういったものとは一切無縁で、あくまで社会のために、あなたが持っている機能を使って貢献する、ボランティアのようなものなのです。

ただし、ボランティアと違うのは、賃金が自然に発生してしまうということです。資本主義社会は、機能を提供されたら、その対価を払うシステムが出来上がっています。ボランティアの場合は無償が前提ですから、対価は払われませんが、仕事の場合は対価が自然に発生しますから、それを拒否する理由もないというだけなのです。

つまり、仕事とはあなたが社会に参加していることの証《あかし》です。それ以上でもそれ以下でもありません。人間として当然のことをしているだけです。しかも、自分の機能を提供していれば、たとえニートであってもOKなのです。ブログを立ち上げて、誰かの相談に乗る、自分で見つけてきたお得な情報を上手に加工して紹介する。それだ

けで既に仕事といえるのです。別に、Google の AdSense をつけて、広告収入を得ていなくても、情報をアップしただけで機能を提供したことになるのです。これならば、好きなことを仕事にすることは誰にだってできるでしょう。

問題は、じゃあ、どうやって日々の生活を維持すればいいのか？　お金はどこで稼ぐのか？　ということ。

この疑問の解答が、仕事とは別にお金儲けをする、ということです。

仕事の定義は既にしました。社会に自分の機能を提供するということでしたが、それではお金儲けの定義とはなんでしょうか？

それはキャッシュを集めることです。

ですから、お金儲けをしたい人はいきなりキャッシュを集めにいけばいいのです。そこに仕事なんか必要ありません。そして、資本主義の下でなら、それは可能なのです。

わかりますか？

お金を稼ぐことと、仕事をすることはなんの関係もないということです。

仕事をしなくてもキャッシュを集めることはできる

お金を稼ぐことと、仕事をすることはなんの関係もないというのは、言葉を変えると、「仕事をしなくてもキャッシュを集めることはできる」ということです。

「本当ですか⁉」

たぶん、すべての読者がそう思ったことでしょう。

「そんなことができれば、世話はない」「こんなに苦しい生活などしていない」と。

しかし、それがまさにお金と仕事に関する大きな誤解を持っている証拠です。働かざる者食うべからずの刷り込みが効いてしまっていて、正常な判断ができなくなっているのです。

もう一度よく考えてみてください。

お金というのはどうすれば集めることができますか？

これまでのように生命時間を企業に売って、その対価として手に入れる手段がひとつあります。しかし、銀行にお金を預けておくのはどうでしょうか？　それだけで金利が発生し、なにもしなくてもお金が増えています。ということは、仕事をしなくてもお金を発生させる手段は現にあるではないですか。

もちろん、いまのような低金利ではインフレ率に及びもつきませんから、貯金しておくだけで、実質的利益が出ることはありません。とはいえ、お金を多くする手段は仕事でなくてもあったわけです。

ここに気がつけば、世の中には生命時間を売る以外にお金を集める方法はほかにもあることが見えてくるでしょう。

例えば、株式投資。これも生命時間を企業に売ることなく、キャッシュを集めることが可能です。

つまり、お金とは労働の対価としても支払われるものでもありますが、同時に、お金がお金を生むことも可能なのです。

これが「はじめに」で言った、お金とは人間が作ったシステムだという意味です。

とはいえ、「そうか、わかった！　株式投資をやればいいんですね！　それじゃあ、儲かる銘柄を教えてください！」

と、ちらっとでも思った方は、早とちりなので、気をつけてください。

いま私が言っているのは、お金を集めるための選択肢の話をしているだけです。決して株式投資等の金融市場への参入のお勧めをしているわけではありません。それどころか、私は絶対に反対です。なぜなら、それはバカバカしいからです。

詳しいことはあとの章でたっぷりお話ししますが、お金でお金を生むやり方はごく一部の人間だけが儲かるようにできている詐欺のようなものです。そこに参加するのは、みすみすカモられにいくようなものですから、おやめください。少なくとも、キャッシュが欲しいと思っている人には、まったく向かないので、どうか、その選択肢は捨ててしまいましょう。

では、どうやれば、お金を集めることができるのか？

答えはとてもシンプルです。

持っている人から集めればいいのです。

お金は持っている人から集めればいい

とはいえ、そんな簡単にお金を出してくれる人がいるわけがない。多くの人はそう

Google株価の動き

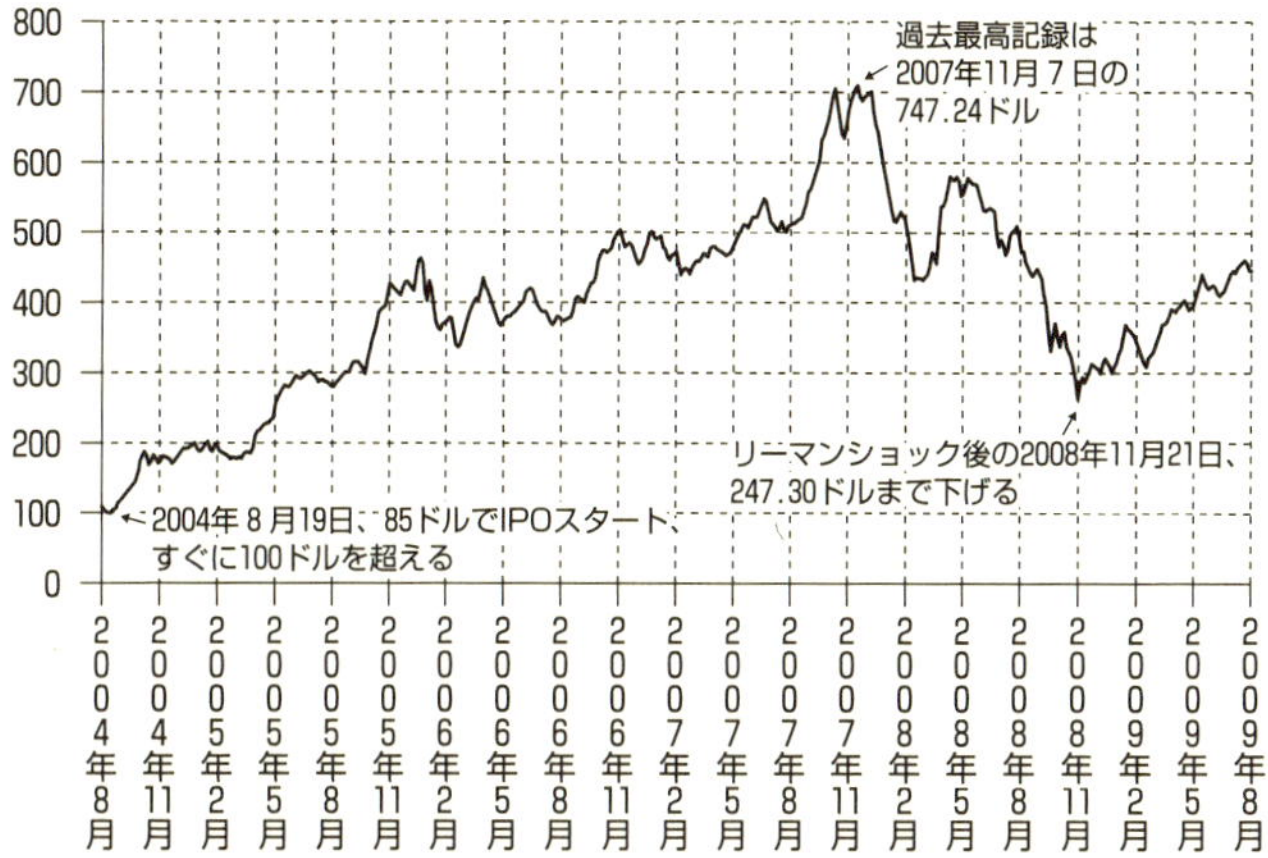

考えるでしょう。

しかし、それが間違いのもとなのです。この世にはお金を出してくれる人はごまんといます。いえ、それどころか、それ相応の理由があれば、お金を出すのは当たり前なのが資本主義の原則です。

例えば、株式市場などはまさにそうでしょう。設備投資の資金を集めるために株を売る。売りだし元の会社が有望であるならば、投資家は喜んでお金を出します。これで印象的だったのが２００４年のGoogleの新規株式公開です。なんとGoogleは赤字会計のままで株を売ったのです。もちろん、赤字ということはキャッシュもなく、借金だらけであったということ。それでも株式公開できたのは、多くの人がGoogleに資金を提供したいと考えたからです。赤字かどうかなど問題ではなく、Googleの株を買うべき理由があったために人々は購入したのです。

もうひとつ例を挙げましょう。それはエンツォ・フェラーリです。フェラーリの創業者であるエンツォは、もともとアルファロメオのレーシングドライバーでしたが、レーサーとしては超一流とはいかず、1947年自らレーシングマシンを開発し、フェラーリ社を興しています。

この時、彼はマシンの開発費をどこから捻出《ねんしゅつ》したのでしょうか？　昼夜を惜しまず働き、自分で資金を貯めてから起業したのでしょうか？

もちろん、そんなことはしていません。彼がやったのは、レースで優勝するマシンを作るからお金を出してほしいと資金を募ったことです。

これが効率的なお金の集め方です。

「いや、それはただのスポンサー募集だろ。俺が知りたいのは金の稼ぎ方だ」と、もしも思ったのなら、あなたの頭は、お金は生命時間を売って稼ぐものだという、固定観念に縛られ過ぎています。

もしも、エンツォがその考えだったら、レーシングマシンの開発ができたでしょうか？

Googleが大量のサーバーが欲しいと思った時に、「うちの会社は赤字で借金だらけなので無理」と考えて諦《あきら》めたでしょうか？

そんなことはありません。キャッシュが必要だと思ったら、必要な時に必要なだけ、持っている人から集めればいいのです。

給与所得者でいる限り、お金は稼げないという事実

とはいえ、「お金は自分で稼ぐ必要はない。持っている人から集めればいい」というもの言いには違和感を感じる人も多いでしょう。

おそらく「なんだかそれではズルい感じがする」、あるいは、「お金は額に汗して稼ぐものだ」という意識がどうしても頭をもたげてしまって、私の話が素直に頭に入ってこない可能性も十分にあります。ですので、この部分は丁寧に解説しておきましょう。

まずは左の数字を見てください。これは国税庁の平成24年民間給与実態統計調査の結果です。民間の事業所に勤務している給与所得者を対象に行われたもので、各世代の平均年収がわかります。

30代前半の男性の平均年収＝431万円
30代後半の男性の平均年収＝498万円
40代前半の男性の平均年収＝561万円
40代後半の男性の平均年収＝614万円
50代前半の男性の平均年収＝634万円
50代後半の男性の平均年収＝618万円

これを見ればわかるとおり、経験を積むことによって年収は確実に上がっています。ところが、その上昇も50代前半で終わり。50代後半になると右肩下がりになっていきます。しかも、ピーク時の年収が634万円というのはかなり寂しい金額ではないでしょうか？

もちろん、これは平均値ですから、この金額以上に稼ぐ人もいるでしょうし、60代になっても年収を上積みしていく人もいるはずです。

ただし、そういう人はごくわずか。

平成24年国民生活基礎調査によれば、１０００万円以上の所得を持つ人は国民全体の11・6％、２０００万円以上になると、１・３％しかいません。

アベノミクスは、この１％の人々を優遇する政策ですから、今後さらに格差は広がっていくでしょう。

これが日本の給与所得者の現実です。

これが額に汗して働くだけしかしなかった人の現実です。

１％の現実

私が言いたいのは額に汗して働くだけでは足りない時代に来ているということです。

それを象徴するのが「はじめに」でも例に出した経団連です。前経団連会長の米倉弘昌氏は日本の財界のトップに君臨する日本の名士です。しかし、その彼の年収は１億

２０００万円ほどなのです。

皆さんはこの金額をどう思いますか？

「１億２０００万円なら十分じゃないか。なにが不服だ」と思う人もいるでしょうが、経団連は日本を代表する大企業の集団。そこのトップの年収が１億２０００万円とは、あまりにも寂しい数字ではないかと思うのですが、いかがでしょうか。

まがりなりにも日本は世界で最も海外資産を持っている債権国であり、事実上、世界一の金持ち国です。そんな国の財界トップの年収がこれでは話になりません。

ところが、その一方で、ソフトバンクの孫正義社長の年収は約93億円、ユニクロのファースト・リテイリング社の柳井正社長兼会長は約52億円（２０１３年度版『役員四季報』より）という数字です。

まさに天と地ほどの差です。

同じ上位１％の中に入っていながら、なぜこれだけの差がついてしまったのか？

この違いは一体どこからきているのか？

私が言いたいのはこのことなのです。

そこにこそ、お金を集める秘訣が隠されているのです。

わざわざ選ぶ狭き門

実を言うと、孫氏や柳井氏の報酬が高いのはなにか特別な理由があるわけではありません。実際、彼らの役員報酬は孫氏が1億数千万円、柳井氏が3億円ほどと、米倉氏よりは多いのですが、桁違いの差はありません。

では、なにが違うのかといえば、彼らの高額収入のほとんどが配当収入によっているからです。

孫氏も柳井氏も創業者（柳井氏は二代目ですが、ユニクロを作ったのは彼です）であり、自社の株を大量に持っているという点が、米倉氏との大きな差です。

自社の株価が上がれば、配当金も上がり、高配当を手にできる。この差が数十億円の差となって表れているのです。

要は企業に勤めているだけでは、最高でも年収1億円ほどで頭打ちになってしまうが、自分で会社を作れば、その100倍もの資金を手にすることができるのです。

もちろん1億円あればそれでいい、数十億なんかいらないという人もいるでしょう。

私もそれには異論を挟みませんし、さらに言えば、お金は必要な時に必要なだけあれば十分という考えです。

しかしながら、努力に見合うだけのプライズが用意されていないレースに参加することに意味がありますか、と問うているのです。

日本の20歳以上の人口は約1億人で、その多くがサラリーマンです。経団連会長はその頂点といっても過言ではない地位であり、そこにたどり着くには、それはそれは狭き門がいくつもあったことでしょう。

ところが、その狭き門をくぐり抜けたとしても、待っているのはベンチャー企業家の100分の1の報酬なのです。

あまりにも割に合わない競争ではないかと私は思います。

お金を集める秘訣

日本で多額の年収を得ている人間はまだいます。それは外資系の銀行の役員クラスです。彼らの中に多くの友人を持つ私は、その生活レベルがどれほどのものかを実際に知っています。数億円レベルではきかない生活水準を彼らは維持しており、それも日本人の平均年収が６００万円にいくか、いかないかを40代ほどで実現させています。

この違いも、お金を集める秘訣と関連します。

それは孫氏や柳井氏のような創業者になるのともまた違った、まさにマネーシステムに関連した話になります。

彼らは、マネーシステムを使って、らくらくとお金を集めていますが、普通の日本人は、さきほど紹介した国税庁の数字を見ればわかるように、懸命に働いていながら思ったように収入が上がらずに悩んでいます。

せっかく頑張っているのに、それに見合った効果がない。これぐらい、気持ちを萎《な》えさせるものはないでしょう。しかも、それは自分のいまの人生に大きく関係するだけでなく、老後の生活を左右する可能性もあります。私たちはそろそろ本気で、この異常事態を変えていかなければいけないのです。

では、そのためになにをしたらいいのか？

それがさきほどからなんども言っている、「お金は持っている人から集めればいい」ということになるのです。

お金の使い方を変えれば自然にお金は集まる

では、どうすれば、それが可能なのでしょうか？

簡単に言えば、スポンサーを募ればいいのですが、実際問題、普通のサラリーマンをしている中で、スポンサーを募るなどといったことはなかなか難しいでしょう。やり方もわからなければ、そもそも、スポンサーを募るべき材料もないと、途方にくれてしまうはずです。

しかし、ご心配には及びません。スポンサーはあなたがあることをすれば自然に集まります。

そのあることとは、「はじめに」でも紹介した、「お金の使い方を変える」ことになるのです。あなたがいま持っているお金、自由に使えるお金の使い方を変えることで、お金は自然に集まってくるのです。

ただし、ここでひとつ注意しておく必要があります。

それはいま私が言っている、「お金の使い方」とは、皆さんが思っているお金の使い方とは大きく異なっているという点です。

例えば、皆さんがお金の使い方を変えて、お金を集めようと思った場合、最初に考えるのは節約ということでしょう。消費を減らせば、確かにお金は貯まります。しかし、そのやり方は効率が悪い上に、時間がかかり過ぎます。タイミングやチャンスを逃してしまうことにもなりかねません。

私が言っている「お金の使い方を変える」とはそういうことではなく、「お金を上手に使える人」になるということです。

なぜなら、お金を上手に使える人のもとにしか、お金は集まってこないからです。

人はなぜお金を使うのか？

そもそも人はなぜお金を使うのでしょうか？

それは使う価値がそこにあると認めたからです。

例えば、なぜタクシーに乗るのかといえば、バスに乗るよりも、自分で歩くよりも、早く楽に目的地に着けるからです。それが、車が途中で渋滞に巻き込まれて道路の真ん中で立ち往生。通行人にさえ抜かれだしたら、あなたは「ここでいい。もう歩くよ」と言って、タクシーを降りるでしょう。

レストランに入るのも同様です。そこに行けば自分で作るよりもおいしいものが席に座っているだけで提供されるからです。それが、出てくるまでに時間がかかったり、料理がまずかったら、あなたは怒って、二度とその店には行かないでしょう。

そして、ここで肝心なのは、お客がお金を使う意味をどう解釈するかです。

多くのビジネス本では、顧客の満足度が金銭を使うトリガーになると解釈し、「お客様本位」あるいは「お客様の笑顔」のために仕事をしていれば、自然にお客が集まり、お金も集まると説明しています。〝おもてなしの心〟や、〝ホスピタリティ〟という観点から見て、サービスの向上を訴えます。

しかし、本当にそうでしょうか?

もし、店側が本当にお客の笑顔が見たいのなら、〝タダ〟でサービスを提供するのが一番です。そうすれば、店側はこれまで一度も見たことのない、お客の本当の笑顔を目にできるでしょう。

しかし、店側はそんな笑顔は見たくないはずです。店側が欲しいのは金銭を伴った笑顔です。彼らは、そのために努力をしてきたのですから当たり前です。

いいえ、私はこれを悪い意味で言っているわけではありません。どんなに自分のやりたかった仕事であっても、報酬が伴わなければ続けていくことができないという意味です。

さらに、本来やりたかった仕事であれば、採算など度外視してこだわりたくなるのが本当です。本当のおもてなしとは、このことを言うのです。少なくとも日本語の意味はそちらのほうだったはずです。ホスピタリティやお客の笑顔など、一見心地よさそうな言葉に騙《だま》されることで、私たちはどんどん本質を見失っていくのです。

では、お客としての私たちが、なぜお金を払うのか？

それは、自分が払う金銭以上のサービスが受けられると判断したからです。金銭に見合うサービスは当たり前。なぜなら、それは自分がやっても同じだからです。そうではなく、それ以上のものを提供された時、人は初めて満足し、次もそこに金銭を提供したいと考えるのです。

だから、そこにお金が集まるのです。

人間の習性を知れば、お金は集まる

では、金銭以上のサービスとはなんでしょうか？

もちろん、おもてなしの心でもホスピタリティでもありません。そんなぼんやりしたものを求めて、私たちは金銭を払ったりはしません。

私たちがお金を払うのは、ただひとつ。

それが「自分が使うよりも、うまくお金を使っている人」に対して、なのです。これが、人がお金を払うときの動機になります。

さきほど例を挙げた、タクシーになぜ乗るのかで言えば、私たちは別にタクシーの運転手からサービスを受けたいわけではありません。おもてなしの心を期待しているわけでもありません。私たちがタクシー運転手にお金を渡すのは、彼に渡したほうが効果的だからです。

もしも、目的地が近かったならば、あなたはタクシー運転手にはお金を渡さないでしょう。自分で歩いたほうがいいからです。

レストランもそうです。期待しているのはおもてなしなどではなく、自分が作るよりもおいしい料理を出すから、あるいは自分で作るという面倒な作業を省略したいからです。

であるのに、まずい料理が出てきたり、料理の提供時間が遅かったりしたら、あなたはどう思うでしょうか？

「自分でやったほうがよかった」あるいは「ほかに行けばよかった」と当然思うでしょう。

このように、ヘタなお金の使い方をされると、私たちは怒るのです。その程度なら、自分でやれると感じるのです。

その逆にお金の使い方がうまい人というのは、いまいったタクシー運転手やシェフのことをいいます。同じ金を自分で使うよりは、この人に渡したほうが上手に使ってくれる。上手に使ってこちらの望むことをしてくれる。そう信頼するから、お金を渡すのです。

これはGoogleの上場の場合でもそうですし、エンツォ・フェラーリが会社を立ち上げた時にも言えることです。

Google の場合は、株価の上昇や高配当が期待できるから株式を購入します。エンツォの場合はもっとわかりやすいでしょう。彼がスポンサーたちに約束したのは「レースの優勝車を渡す、もしくはその技術を使った車を作ってあげる」ということでした。そこに価値を見出したから、資本家たちはエンツォにお金を渡したのです。もしも、この時、「いや、レースの優勝車なら俺でも作れる」と思ったスポンサーがいたら、彼は絶対にエンツォには資金は出さなかったでしょう。〝自分よりもうまくお金を使える〞人間だと見込んだからこそ、自分のお金を提供したのです。

わかりますか？

人は、自分よりうまく使ってくれる人にしか、お金を渡したいと思いません。それが人間の習性なのです。

ここに気がつき、それを徹底的に理解した時にだけ、お金はあなたの元に集まってくるのです。

第2章
なぜ上手にお金を使えないのか

社員の人生時間は会社のもの

前章で解説したお金の使い方、これを〝上手な使い方〟に変えるためのキーワードはマチュア（成熟）です。成熟した他者との関係性、成熟した組織との繋《つな》がり方、そして成熟した思考法を得ることで、私たちは新たなお金の使い方を手に入れることができます。

なぜマチュアが大切なのかと言えば、日本はいたるところで未成熟なものが残っているからです。特に会社と社員の関係は決定的に未成熟でしょう。

例えば、日本では会社に入ると自動的に労働組合員にされてしまうことが往々にしてあります。特に昔ながらの大企業はこの慣習が根付いているようです。

私が三菱地所に入社した時もそうでしたが、知らないうちに組合の経理担当になっていました。もちろん、私は組合に入りたいなどと一言も言っていません。さらに、不思議なのは組合の部長が会社の役職を兼務していたことで、これでは本来の意味での労働組合とはとても言えず、毎月天引きされていたあの組合費はなんだったんだろう？　と思ってしまいます。

また、社宅という制度もいまだに残っています。住宅事情が悪かった昭和20年代、30年代ならわかりますが、平成になってもまだ残っているのは先進国では珍しいのです。社員への福利厚生だという意見もあるでしょうが、家に戻っても社内からは出ていないという環境はどう考えても奇異な感じがします。

たぶん、こういった状況に慣れ親しみ過ぎている人にとっては、「だから、なんだ？」という気持ちにしかならないでしょう。組合なんか入ろうが入るまいがどうでもいいし、会社が入ってほしいというのなら断る理由もないぐらいに思っているでしょう。社宅にしても、低価格もしくはタダで住めるのなら、それで文句はないと。

しかし、私は制度の問題を指摘しているわけではありません。自分の人生を平気で他者にゆだねてなんとも思わないことが問題だと言っているのです。それがまさに未成熟な証拠です。

企業がなぜ、労働組合を形骸《けいがい》化させるのか、家に帰っても会社の延長を強いるのかといえば、「社員の人生時間は会社のもの」だと思っているからです。これになんの疑いもなく従える人間は、未成熟を通り越して、奴隷としか言いようがありません。

未成熟とはイコール奴隷ということなのです。奴隷でいる間は、どれほど頑張っても自分の力でお金を稼ぐことはできません。システムとして勝手にお金を稼げないようになっているのですから当然です。とはいえ、奴隷のままでお金儲《もう》けができる方法はたったひとつだけありますので、それはのちほどお伝えしましょう。

サラリーマンが稼げないシステム

ともかく、日本の企業の報酬形態は社員の奴隷化が前提になっています。入社してしばらくは薄給です。もちろん、それは仕事の能力がないので当たり前なのですが、薄給が30代になってもまだ続いて、40代の役職になって急に上がるという昇給システムには最初から能力うんぬんは関係ありません。

そこにあるのは、入社して20年ぐらい搾取され続ける期間があり、40代から定年までのおよそ20年間で搾取する側に回るという仕組み。20代、30代は上司、役員たちのために奉仕し、自分たちが上司、役員になった時は新入社員たちから搾《しぼ》り取る。これで収支がトントンになるようにできているのです。

これが終身雇用の正体です。

だから、日本のサラリーマンは転職するモチベーションが低いのです。転職時期となる30代は、もう少し頑張れば、搾取する側に回れる我慢の時期。ここで辞めたら、搾取されてきた十数年間を捨てることになるので、転職する人間は、なにか問題があったか、落ちこぼれといったレッテルを貼られてしまうのです。

このようにシステムとして、日本の報酬体系は、会社に自分の人生を売り渡すことが基本となって作られています。

丁稚《でっち》感覚だから稼げない

なぜ、こんな形が当たり前にまかり通っているのか、といえば、日本の労働形態はいまだに江戸時代と変わらないからです。

一言で言えば丁稚奉公が日本の就業形態の基本です。

何度も例に出して申し訳ないのですが、三菱グループには、綱領のひとつとして「所期奉公」というものがあります。これは、「事業を通じて社会貢献をする」というふうにいまは解釈されていますが、昔ながらの意味とは、ニュアンスがだいぶ変わっています。所期奉公の〝所期〟は「期待する」という意味ですから、その真意は「会社のために奉仕することを期待する」となるのです。

結局、日本の労使関係は現在においてもギブ&テイクではなく、主従関係です。主従関係である以上、どうしたってご奉公する会社はひとつ。そこに骨を埋めることが正しい家来のあり方になってしまいます。

この正しい家来の道を突き進んだのが経団連企業の社長たちです。彼らの年収は、下は6000万円ぐらいから上は1億数千万円ほど。ベンチャー企業の社長たちが軽くその1000倍近くの収入を稼いでいるのに、なんとも思わないのは、丁稚感覚が骨の髄まで染み込んでいるからでしょう。丁稚のトップ、番頭さんになれたことが嬉《うれ》しくて、100分の1の年収でも十分にありがたいと思ってしまうのです。

実は、現在のあなたが稼げないでいるのも同じ理由です。経団連企業の社長たちと同じように丁稚だからです。この感覚がある限り、どこまでいっても稼ぐことはできません。

では、どうすればいいか?

答えは簡単です。丁稚を辞めることです。丁稚を辞めて、奴隷を辞めて、マチュアになること。すると見える世界が変わってきます。

例えば、丁稚の時に見えていた世界の頂上は、年収1億数千万円の経団連の世界です。残念ながらこの程度の年収がある人間は、ウォール街にいけば掃いて捨てるほどいますし、そこまでいくのにも大した努力もいらないでしょう。少なくとも経団連のトップになるまでの努力や我慢など絶対に必要ありません。であるのに、ウォール街の人々は経団連トップたちの年収を簡単に超えているのです。

日本の丁稚の世界はなんと理不尽なのでしょうか。本来なら年収１００億円あってもおかしくないことをしているはずなのに、その１００分の１ほどの収入しかないのです。

なにより、残念でならないのは、丁稚のトップに立っただけで本気で満足できてしまう、メンタリティです。たった1億円なのに、それ以上に貰《もら》っている人間が世界はおろか、日本にだってていくらでもいるのに、これでよしとしてしまう感覚があまりにも悲しいのです。

丁稚とマチュアは売っているものが違う

どう考えても稼げない丁稚の世界。ここから脱出するために必要なのが第1章の最初に書いた「商品を変える」ことになります。

サラリーマンの売り物は、生命時間でしたが、マチュアの人たちの売り物は違います。

サラリーマンの閉塞感《へいそくかん》を打破するその売り物とはなんでしょうか？

それは、自分の付加価値をつけた商品です。

なんだ、それ？　もうちょっと具体的になにかないのか？　と思った方も多いでしょう。

しかし、孫氏にしても私にしても、成熟した人たちが売っているものは自分で生み出した付加価値を付与したもので、具体的になにを売るかはその時その時のアイデア次第です。大切なのはモノのほうではなくて、アイデアであり、クリエイティブな思考です。それさえあれば付加価値のある商品はいくらでも生み出せます。

とはいえ、人によっては、それは難しい作業だと感じるかもしれません。特に、これまで付加価値やクリエイティブといった世界から遠ざかっていた人ほど苦手意識が先に来てしまう可能性は大でしょう。「急に付加価値をつけた商品などと言われても簡単に思いつかない」といったように、です。

しかし、それがまさに未成熟の証拠です。いま「簡単に思いつかない」と思った人は、最初から「自分には付加価値のある商品など作れない。自分にはオリジナリティなんかない」と思い込んでいるから、「できない」と思ってしまうのです。

しかし、そんなことはありません。誰にだってオリジナルの商品を作ることはできます。なぜなら、あなたは世界にただ1人なのですから、あなたの作る商品も世界にただひとつ。オリジナルとはたかだか、そんな程度のことなのです。つまり、そこで臆病《おくびょう》になる必要などまったくないということ。問題とすべきは、そこではなく、そのオリジナル商品に買い手があるか、ないかのほうです。マーケットの心配をするならいざ知らず、できるか、できないかを心配するなど言語道断。まさにそれが丁稚根性なのです。

オリジナル商品の作り方、マーケットの探し方などはあとで解説しますので、まずは丁稚根性を捨てることを決意してください。なぜなら丁稚を辞めた途端に見える世界ががらりと変わってくるからです。世界が変われば、儲け方も自然に変わります。

丁稚を辞めて見える世界

丁稚を辞めた途端、見える世界とはどんな世界か？

そこは自分の労働の対価は自分で決めることができ、お金を自在に使いこなせる世界です。

そんな夢のような話は信じられないと思う人も多いでしょう。しかし、そんな人が多いからこそ、自由に稼げるのです。

もう一度言いますが、日本のサラリーマンはほとんどが丁稚です。ということは、日本の社会は完全に依存体質であり、未成熟な人ばかりだということです。そんな世界をマチュアな考え方ができる人間が見たらどう映るでしょうか？

なぜ、あそこをああしないのか、なぜ、こう考えないのか、なぜ、これをやらないのかなど、「なぜ？」の宝庫でしょう。未成熟な人々が見えない、見落としている、あるいは、見ようともしない世界がいくらでも見えるということです。

わかりますか?

彼らに見えないものが見えているということは、大きなチャンスがあちこちに転がっているということです。その圧倒的なアドバンテージがあらばこそ、いくらでも稼げるのです。

第1章で説明した〝お金を集めるにはお金を上手に使えるようになることが大切だ〟という話にしても、要はマチュアの話をしていたのです。成熟度を上げれば、自然にお金が集まってきます。なぜなら、他人が見落としていたものが見えるからです。

それもこれもすべて、マチュアであることが大切なのです。

ですから、あなたが最初にしなければいけないのは丁稚を辞めること。すべてのスタートは丁稚思考をやめることで動き出すのです。

丁稚を辞める一石三鳥の方法

丁稚思考をやめるのに、最も手っ取り早いのが会社を辞めることです。とはいえ、会社を辞めてしまうと、いきなり収入の道が絶たれますから、現実的な問題が生じてしまいます。たぶん、それでは、ハードルが高くなり過ぎてしまうので、会社を辞めないで丁稚思考をやめるうまい方法を紹介しましょう。

それは〝仕事を増やす〟ことです。

〝仕事を増やす〟とは文字どおり、仕事を辞めるのではなく、逆に増やしてください、という意味です。ただし、増やすのは仕事量ではありません。仕事の〝数〟を増やすのです。要は、いまやっている仕事とは別のものをもうひとつ増やせば、丁稚でいることは自然にできなくなる、ということです。

丁稚は1人のご主人様に尽くすものですから、仕事が2つになれば、必然的に丁稚ではいられなくなります。すると、丁稚思考から自然に逃れることが可能になるのです。

とはいえ、別の仕事であればなんでもいいわけではありません。会社終わりの午後7時から深夜0時までの5時間、どこかでアルバイトをしようでは、意味がありません。それでは、またしても生命時間を売っていることになります。

そうではなく、付加価値を生み出す仕事を会社終わりで始めてみるのです。これならば、丁稚思考から逃れることができる上に、付加価値を生み出す練習にもなり、大きく稼ぐことも可能となります。まさに一石三鳥の方法といえるものでしょう。

クリエイティブを大げさに考えてしまう日本人の悪いクセ

ただし、その前にやっておかなければいけないことがひとつあります。それは〝新しい商品やサービスを創造することを苦手に思うクセ〟。これをやめることです。

日本人は子供の頃から年上の言うことを聞け、他人と違うことをするなという儒教教育を受けて育っていますから、どうしても既存の商品とは違うもの、新しいサービスなどについて考えることを苦手に思ってしまいがちです。

しかし、その意識がある限り、私がいくら「付加価値を生み出すのが一番効率的な儲け方ですよ」とアドバイスしてもなかなか理解してもらえません。たとえ理屈ではわかっていても実行が伴わないことが多いのです。ですから、その苦手意識を払拭《ふっしょく》することこれが最初に必要になってきます。

では、なぜ苦手意識が生じてしまうのかといえば、新しいものを作るときのコツを飲み込んでいないのがひとつと、モノ作りに対する大きな誤解があるからです。

例えば、Googleが注目されるもとになったページランキングですが、あれは巷《ちまた》でいわれているほど先進的な技術ではなく、その前からあるロボット検索エンジンを改良しているだけです。また、AppleのコンピューターMacintoshにしても、そのOS自体はカーネギーメロン大学のリチャード・ラシッド教授のチームが作ったものです。革新的な企業といわれるGoogleやAppleにしてもすべてを自分たちで作ったわけではないということをまずは理解してください。既存のものに、自分たちが欲しい機能を付け加えることによって革新的なモノ作りに繋げていったのです。

こういってしまうと身も蓋《ふた》もありませんが、新しいものを作るとはアレンジでいいのです。創意工夫で十分なのです。

実は多くの人たちはクリエイトというものを大げさに考え過ぎていたのです。新しいモノを創造してください、付加価値を付けてくださいと言われてしまうと妙に大上段にかまえてしまって、すべてを作り出さなければいけないと勝手に思い込んで、自分で自分のハードルを上げてしまっていたのです。

しかし、無から有を生み出すのは神の仕事です。それは神に任せて、人は人らしく、付加価値を積み重ねていくのが人間にとってのクリエイトだったのです。

しかもです。創意工夫ならば日本人が最も得意としている分野。自動車やテレビ、パソコンなどは言うに及ばず、海外の文化などもいち早く取り入れては、日本独自のアレンジを加えて世界が驚嘆するモノ作りをしてきた歴史があることは皆さんもご存じでしょう。

私はそれをしてくださいと言っているだけなのです。

柔軟な発想と年齢はなにも関係ない

クリエイトに関して、もうひとつ補足しておくと年齢の問題があります。いわゆる「もう若くないから柔軟な発想ができない」というやつですが、そんなことはありません。もちろん物理的な脳細胞は年とともに減っていきます。それは仕方ありません。しかし、脳細胞の減少と脳の機能の減少はイコールではないのです。

そもそも知識が増えるというのは脳細胞が増えることではなく、脳細胞間のネットワークが増えることを言います。この脳内ネットワークを活性化させるには常に刺激を与え続けることが重要で、それは知識に対する興味及び習得、新しい経験の有無によります。わかりやすい言葉で言えば、「好奇心はありますか？」ということです。情報に対して敏感であるか、ないかだけが脳機能を活性化させるのです。

これに関してわかりやすい実例があります。

それは1980年代に若者を中心に大ヒットしたSONYのウォークマンに関する話です。実は最初にウォークマンのような小型の音楽再生機を作れと指示したのは当時70代だった井深《いぶか》大《まさる》名誉会長でした。また、「その製品は面白い。イケる」と判断したのは当時60代だった盛田昭夫会長です。その逆に、そんなものが売れるわけがないと大反対したのは社内の中間管理職をしていた30代から50代の人間たちでした。

もちろん、結果は皆さんご存じのとおりです。ウォークマンはSONYを代表する世界的な大ヒット商品となりました。これでわかるとおり、若いから新しい発想ができるなんて嘘《うそ》っぱちなのです。

社内にいながらにして奴隷解放

ところで、一体なぜ、中間管理職たちはウォークマンが売れないと思ったのでしょうか？

それは心が奴隷だからです。

その一方、サラリーマンであっても開発チームの面々はこの商品の可能性が見えていました。開発チームのリーダーであった大曽根幸三さんなどは自分の子供たちが帰宅すると真っ先に音楽を聴くというライフスタイルを見ていて、この製品は若者に受け入れられると感じたといいます。彼らもまた、奴隷の心は持っていませんでした。その逆に、自分のやりたいことのために会社の資産を利用する、機能を利用するというぐらいの気持ちだったでしょう。

そういう意味ではサラリーマンをしながら、丁稚根性を捨てて付加価値を作ることは十分に可能であることのこれは証明といえるでしょう。

スレイブ・ナカムラ

それは、ノーベル物理学賞を受賞した中村修二氏（現・カリフォルニア大学教授）

も同様です。彼の発明である青色発光ダイオードは、サラリーマン時代に開発したものので、当時中村さんは、開発費用の2億円を貰ったまま会社にも行かず、電話にも出ず、ずっと研究していたといいます。社内ではクビにして、金を取り戻せという声がかなり上がったようですが、当時の社長が「やりたいようにやらせろ」とゴーサインを出し続けたことで、世界的な発明が完成したのです。

しかし、中村さんの場合はこれでめでたし、めでたしではありません。

この後、中村さんはアメリカの大学に研究に行くのですが、あまりの薄給に同僚たちから驚かれます。「世界的な発明をしたのに、その報酬はなんだ?」と。「それではおまえは奴隷じゃないか」と口々に言われ、彼のアダ名は「スレイブ・ナカムラ」になってしまったのです。

これは笑い話で済む話ではありません。

丁稚根性を、奴隷根性を捨てて、付加価値のある商品を生み出したとしても、サラリーマンである限り、スレイブ人生を歩むことになってしまうのです。

中村さんはあるインタビューでこんなことを語っています。

「私だって(前の会社を)辞める直前までは本当に会社に忠実な従業員でした。日本人は上司に忠誠を誓うんです。きっと遺伝子に書き込まれていて、それが抜け切れないのでしょう。この遺伝子が会社のシステムの中で生きている。これを破るのは並大抵のことではありません」（『日経エレクトロニクス』２００１年4月9日号）

これでわかることは、企業という組織そのものが個々人をがんじがらめにし、奴隷意識から脱却できないようにしていることです。そして、組織とは奴隷化しきった人々の無意識の集合体です。一度そういう中に入ってしまうと、無意識そのものが奴隷化されてしまうので、組織から出ることが難しくなってしまうのです。

とはいえ、そこから抜け出すことができれば一気にマチュアになれる可能性は十分にあります。それができるか、できないかがお金儲けができるか、否かの分かれ目になります。

会社を辞めればいいわけではない

私はここまで会社は辞めてしまいましょう。辞めて起業しましょうと言ってきました。

しかし、だからといって、なんでもかんでも辞めればいいというのものではありません。いまの会社が嫌だ、人間関係もうまくいかないし、いくつか失敗をして評価も下がっている。こんなことなら、一からリセットするために会社を辞めて起業だ！あいつらを見返してやるんだ！

こういう気持ちで、会社を辞めてもなんにもなりません。こんなものは未熟の頂点です。

私がこの章で伝えているのはマチュアになることです。これが第一です。マチュアにならなければ、クリエイティブな発想ができないのですから当然、起業も失敗するでしょう。

辞めるのはあとでもいいのです。まずは思考だけでも先に成熟させてください。

実際、組織の中にあって成熟した思考を持った人たちはいました。SONYの大曽根幸三さん、ノーベル物理学賞受賞の中村修二さんといった人々は組織の中にいても奴隷の心を持たずに仕事をし、業績を残しています。

特に中村さんは業績を残したあとに会社を辞めて、いまカリフォルニア大学で新たな研究を始めています。大曽根さんはそのまま組織に残って副社長になりました。この本の主旨から言えば、副社長という落ち着き方は評価しづらい感じではあるかもしれませんが、それは個人の選択です。なんでもかんでも辞めればそれでいいわけではありません。

本書で勧めているのは人として成熟し、付加価値のあるモノを世に送り出すということです。それをすれば自然にお金が入ってきますと訴えているのです。

お金儲けとはそういうことで、いたずらに、会社を辞めるための理由にしてほしくないのです。

とはいえ、「それでもどうしても辞めたいんだ、こんな会社に一刻もいたくないんだ」というのであれば、さっさと辞めても構いません。なぜなら、それをすれば強制的にマチュアになれる可能性が出てくるからです。また、マチュアになれなかったとしても日本のセーフティーネットはかなりしっかりしています。そう簡単に餓死したりはしません。ただ単にお金儲けができなかったというだけで、生きていくことは難しくはありません。ですから、いたずらに会社を辞める無謀な選択をしても、必ずなんとかなるでしょう。ただし、そんな無茶をしなくてもやれる道はあるので、そちらからやってみませんか、と私は言っているのです。

お金を上手に使う方法

さて、この章を結ぶにあたって質問があります。

「お金を上手に使う方法」がおわかりになったでしょうか？

もしも、わからない方はもう一度最初から読み直してください。

実はここまでずっと、私は、お金を上手に使う方法についてさまざまな角度から語っていたのです。

マチュアになれば、見える世界が変わってくるというお話をしました。多くの人々が見えないものが見えるようになってくると言いました。見えないものが見えるようになるとお金になるのだと言いました。

なぜお金になるのか、といえば、お金を上手に使っているからです。

お金を上手に使うとは実際にお金を上手に使うことでもありますが、人々に「そこにお金を使いたいと思わせる」ことのほうがより重要なのです。そういったことをさまざまな角度から語ってきたのがこれまでのところでした。

さて、次章では、具体的にどう行動すれば、人々に「そこにお金を使いたいと思わせる」ことができるのか、どんな発想の仕方をすればそれを現実化できるのかを徹底的に解説していきましょう。

第3章
お金を儲《もう》ける方法

お金儲けの方法はこの世に3つしかない

そもそも、お金を儲ける法は、この世に3つしかありません。

1、お金でお金を生む方法
2、企業に勤める方法
3、付加価値を生み出す方法

この3つのうちのどれを選ぶかで、あなたの今後の収入と生活が大きく変わってきます。

最初の「お金でお金を生む」方法とは、いわゆる株式投資など金融市場を使って儲ける方法です。

この方法はバカバカしいのでやめましょうと第1章で言った理由をお教えしましょう。

まず、昨年の6月、株式購入に関する注目すべきことが閣議決定されたことを覚えているでしょうか?

それはGPIF（年金積立金管理運用独立行政法人）が国内債券の購入割合を減らし、その分を国内株式の購入に振り分けることになったことです。要は、私たちの年金を株式で運用したほうがいいという政府判断です。

この決定を聞くと、「あれ？　いまの株式は確実に増えるのかな」と思ってしまいそうです。きちんと銘柄を選べば、ギャンブルではなく、確実な資産運用を実現できるのではないかと感じるでしょう。

さらに、こういった状況に拍車をかけたのが舛添要一東京都知事の発言です。都知事は、バンクオブアメリカ・メリルリンチ主催の『ジャパンコンファレンス』（2014年9月）において、「年金の運用について、国は株式購入を許されているのに、地方自治体は地方自治法によって公金を株式購入に使うことは禁止されている。これはおかしいのではないか」と訴えました。国が年金資金を株に投資できるのに、東京都が都税を株式購入に使えないのは不公平だというわけです。国も都も先を争うように公金を株に突っ込もうと目の色を変えています。

こんな話を聞けば聞くほど、株は確実に儲かる、少なくともいまは買い時だ、このチャンスを逃すなという気になってきます。

株のカラクリ

結論から先に言うと、株式投資は過去も現在も、そして未来永劫《えいごう》、ギャンブルであることに変わりありません。絶対に儲かる株などあるわけがないのです。

であるのに、なぜ、政府が株式投資に躍起になっているのかといえば、景気が良くないからです。物価上昇に賃金の上昇が追いついておらず、消費も減っています。

もちろんその主たる原因は円安誘導と消費税増税です。

しかし、増税は失敗だったと言えない現政権はなんとかして、国内景気が良くなったように見せるため、企業の業績が上がったように見せたいのです。しかし、円安の影響で燃料費が上がり、企業の実績は上がるどころか下がっています。

そこで、政府が一計を案じたのが国内株価の引き上げです。株価が上がれば企業の業績が上がったように見えますから、私たちの年金をそこに突っ込んで強引に株価を上げようとしているのです。

昨年の株価上昇は政府の自作自演。それによって景気が回復したかのように見せているだけなのです。

いや、それでも株価が上がるのは確かなので、いまこそ買うべきではないか。すべてをわかったうえで、あえて火中の栗を拾いにいく、という人もいるかもしれません。

しかし、そのやり方はまさにギャンブルそのものになってしまいます。ＧＰＩＦが買う株が事前にわかれば、それを買って値上がりを待つこともできるでしょうが、どうやって知るのでしょうか？　仮に知ることができても、それはインサイダー取引になりますから、発覚すれば後ろに手が回ります。

インサイダー情報なんかいらないし、自分の判断で銘柄を選んで買う、という人もいるでしょう。「今回のように政府が景気回復を演出したいのならば、経団連企業の株は買わないわけがないから、経団連関連株を買えば間違いない」などといろいろ推理しながら買うのも面白いとは思います。しかし、それは仕事ではなく、もはや遊びです。

政府は、日経平均株価が上がればそれで目的は達成するでしょうが、その逆に個人投資家にとっては平均株価が上がろうが下がろうがどうでもいい話です。自分の買った株。これが上がらなければ話になりません。

そして、そもそもの大問題として、実際の景気はまったく回復していないどころか、落ち込んでいます。それを無理やり、年金資金を投入することで見かけだけ景気回復しているように見せている以上、そう遠くない将来、株価が急落することは目に見えています。

あなたはその前に売り抜けることができるのでしょうか？

お金儲けで株に手を出すのはバカげている

断言しますが、お金儲けをしたいと考えるのなら、絶対に手を出してはいけないのが株式投資なのです。副業としては一見手っ取り早そうに見える方法ですからやってみたいと思うでしょうが、これで儲けたいとしゃかりきになればなるほど深みにハマります。

なぜなら、どこかで必ず、大きく賭《か》けなければいけないからです。もともと手持ちの資金が少ないのですからチマチマやっていても稼げません。コツコツ根気よく、年にして数万円から数十万円あればいいというのであれば、大きく賭ける必要はありませんが、年収数百万円を上げるぐらいの差益を出したいのならば、大きく買う必要がどこかで出てきます。

それでうまく利益を上げれば問題ありませんが、毎回うまくいくとは限りません。その証拠に株の本を見れば必ず余剰資金の中で無理なく運用するように書いてあります。どれだけ、株は儲かるか、おいしいか、この銘柄は有望だなどと書いてあっても、最後には必ず、損切りの大切さなどに触れているのは、売買差益で儲けようとする行為が本質的にギャンブルであることをわかっているからです。

しかし、それでもこう言って反論してくる人は出てくるでしょう。

そんなギャンブルをなぜ、国はやろうとしているのか？　東京都知事は都民の税金をなぜ株式投資に注入したいと言っているのか？　と。

その答えは簡単です。他人の金だからです。自分の金であれば、値下がりした場合のことを考えるでしょうが、税金や年金は国民の金であって政治家や都知事の金ではないのでどうなろうと知ったことではないのです。

もちろん、現政権や都知事がそこまで株式にこだわるのはそれなりに勝算があるからでしょう。株式投資は豊富な資金があればリスクを大幅に軽減することが可能です

安倍首相がバンクオブアメリカ・メリルリンチ主催のカンファレンスに送ったビデオメッセージ

し、ファンド同士が集まってひとつのファンドを組むファンド・オブ・ファンズを使えば、限りなくインサイダー的な取引も可能。年金資金のようにソブリンファンドといってもいいサイズで運用する場合には、値動きそのものをコントロールすることだってできてしまいます。ですから、それほど大きな損失は出ないだろうと現政権は踏んでいるのでしょう。

しかし、国家が行うファンドで、しかも国内株式を大量に買っている場合、買うことはできても売りはできないでしょう。ある企業の株を大量に買って株価を吊り上げ、その後売りに転ずるといったようなことをしたら国内企業が潰れます。

そんな仕手集団のようなことを国家はできません。ですから、基本的には買った株は売れません。

ところが、本当の国内経済は冷え込んでいますから、いずれ株価が下がる時が来ます。その時はあっという間に株価は下がり、大きな損失を出してしまうでしょう。その損失の穴埋めを国も東京都もどうするつもりでしょうか？

間違いなく、増税で穴埋めするでしょう。彼らを尊敬できないのは、そういう考えが簡単に透けて見えるからです。

だいたい、バンクオブアメリカ・メリルリンチ主催のカンファレンスで外国人投資家に向けて発言している時点で、国内を見ていないことは一目瞭然《いちもくりょうぜん》です。このカンファレンスには安倍総理もビデオメッセージを送っていますから、いまの日本のトップはどちらを向いているのか疑問を持ちたくなります。

株に対する淡い期待は捨てる

以上が昨年の株価が上がっている理由であり、いま株に手を出すことの危険性です。

といっても、株の危険性はアベノミクスの危うさによるものではなく、根本的なものです。

念のために言っておきますが、株式投資とは本来、将来有望だと思う企業の応援的な意味合いで購入するものです。企業は企業で、株を売って得た金で設備投資をし、企業の業績を上げて、株主には配当金として報います。

また、会社が大きく成長すれば、雇用も生まれ、社会の利便性も高まるでしょう。株主は配当金のほかに社会に対する貢献という重要な使命を果たしているのです。これが本来の株を持つことの意味です。

ところが、最初から売るために株式を買う場合、目的は売買による差益だけで、その企業を育てよう、社会に貢献しようという意思など一切ありません。ただのマネーゲームにしかならず、貢献するどころか、害悪を流しかねません。金融資本主義はこの害悪の垂れ流しこそ経済活動だと言っているからおかしくなるのです。

ですから、株に対する間違った認識や淡い期待はいますぐきっぱりと捨ててください。

そもそも、株で儲けている人はとっくの昔に儲けています。いま稼ごうとして手を出せば、騙《だま》されるのが落ちです。

株式投資はもともと資産を持っている人がリスクヘッジのための資産運用として使うものです。そこを間違えないでください。

丁稚のままで儲ける方法

続いて、2つ目の稼ぎ方「企業に勤める方法」です。

これは、さきほどから言っている丁稚の道です。

この儲け方は安定的な収入を期待できる反面、ベースアップが難しいのが難点。もっとも、それは既に読者の方も十分にご存じでしょう。

この状態をどうやって変えていくのかが、本書の目的であり、読者が知りたいことでしょう。

第1章、第2章で語ってきたのは、丁稚を辞めるという選択でした。理想的にはいまいる会社を辞めることですが、それでは収入の道を断ってしまいますから、まずは丁稚根性をやめることからやってみましょう、というアドバイスでした。

しかし、中には丁稚だろうとなんだろうと構わない。安定した収入があるほうがいいという人もいるでしょう。そういう方が高収入を得る方法がたったひとつだけあります。

それは外資系銀行に勤めることです。なにしろ、外資系銀行に入ってしまえば、年収3000万円超えは簡単ですし、10億円超えも夢ではありません。

ただし、外資系銀行ならばどこでもいいというわけではありません。JPモルガンやシティバンクを現時点では私は勧めません。

なぜなら、今後、冷や飯を食わされる可能性が高いからです。これからの20年先、30年先を考えるならば、いま入るべきはゴールドマン・サックスです。ここはいままでは投資銀行ではなく、証券会社になっていますが、それでもモルガン銀行やシティよりはいいのです。

JPモルガンがダメで、ゴールドマン・サックスがいい理由

なぜ、ゴールドマンなのかといえば、それはオーナー家の内部事情の結果です。そ

もそもJPモルガンやシティ、ゴールドマン・サックスはロックフェラー家や、その関係家族がオーナーです。しかし、ロックフェラー家も3代目当主が高齢となり、いまがちょうど当主交代の時期です。となれば、4代目当主と目されているジョン・ロックフェラー4世ことJ・ロックフェラーに乗るのが、これからの流れでしょう。そして、Jといえば、やはりゴールドマン・サックスですから、これから狙《ねら》うならゴールドマンなのです。

ジョン・デイヴィソン〝ジェイ〟ロックフェラー4世

また、最近、その勢いを証明するような話も聞きました。ある国のゴールドマン・サックスの支店が金融庁から狙われていたらしいのです。何年も内偵を進めて証拠も固めて、さあ査察だという時に、突如、上から圧力がかかって中止になってしまったそうです。しかも、その翌月、圧力をかけたある人物がゴールドマン・サックスアメリカ本社の役員になったといいますから構図がわかりやす過ぎます。要は、そこまであからさまなことをしても平気なくらい、ゴールドマン・サックスの影響力は高まっているのです。

寄らば大樹の陰が好きな人ならば、これほど安心できる大樹はないでしょう。なにしろ、他国の法律までゆがめてしまうのですから、強大です。しかも、年収数千万円レベルならば新入社員でも余裕です。

ですから、奴隷だろうとなんだろうと構わない。安定した高収入を望むというのであれば、外資系銀行、証券会社を狙う手はあります。

とはいえ、ここに日本人で入るのはかなり狭き門でしょう。最低でもハーバードなどトップスクールのMBAぐらいは持っていないと話になりませんし、英語はネイティブレベルが必須です。また、金融業が未経験であれば年齢は25歳以下でないと難しいでしょう。金融経験者に関してはわざわざ私が言うまでもなく、ご自分で判断できると思います。

以上、2つのやり方を見てきましたが、やはり、3つ目の「付加価値を生み出す」方法が一番お金を儲けるためには現実的な方法ではないでしょうか？

そもそもギャンブルはお金儲けとは言えませんし、外資系銀行に入る道も容易ではありません。さりとて、このままの形でサラリーマンを続けるには将来が不安でしょう。となったら、付加価値を生み出す方法が最も安全で有望な道なのです。

ニーズが見える人と見えない人

それでは、いよいよ、付加価値を生み出すことで儲ける道について解説していきましょう。

まず、付加価値とはなにか？　です。

これまでさんざん、付加価値、付加価値と書いてきましたが、では一体付加価値ってなに？　と内心思っていた人も多かったでしょう。読んで字のごとく価値を付加するものですが、具体例がないとなかなか理解できないでしょう。

ということで、またしてもＳＯＮＹのウォークマンにご登場願いましょう。

世界的に大ヒットしたウォークマンですが、製品そのものは単なる小型の再生機です。新しさといえば、サイズが小さいだけで、使われているテクノロジーそのものは既存のものの流用です。物珍しさはあるかもしれませんが、先進技術はほとんど使われてはいません。はっきり言ってしまえば、録音機能もスピーカーもついていない、小さいテレコというだけです。

ところが、ウォークマンはまぎれもなく、それまで世界になかった、とてつもない付加価値を持ったものでした。

一体どこが付加価値なのでしょうか？

その答えのヒントになるのが、当時のソニーの営業担当のこの言葉です。

「こんなもの誰が買うんだ？」

ソニーの営業マンたちは、ウォークマンを見て、口々に言ったそうです。「録音機能も付いていない、ただ小型化しただけのテープ再生機に2万、3万円出す人間がいるわけがない。そもそもこんなもの、いつ、なんのために使うんだ」と。

ところが、当時のソニーの会長、盛田昭夫氏は、ウォークマンのアイデアを聞いて即座に「これはイケる！」と直感したそうです。氏はニューヨークの若者たちが大きなラジカセを持ちながら音楽を聴いている姿を見ていたからです。前述した大曽根氏は、自分の子供たちのライフスタイルを見て、売れると思ったといいます。

実はここに付加価値があるのです。

テープレコーダーを小型化したことが付加価値ではありません。小型の再生機で、ただし音質が抜群に良くて壊れないもの。それを開発すれば、〝彼ら〟が買うというニーズに気がつくことが付加価値なのです。このマーケットに気づくことがクリエイトなのです。

抽象度が低いと問題を発生させる

ニーズに気がつくことが付加価値。それがお金儲けに繋がる。このことを理解するのはさして難しいことではないでしょう。本当に難しいのはどうやったらニーズを発見できるのか、ということです。

この時、多くの人が勘違いするのがニーズを〝必要〟と訳してしまうことです。必要と訳すとどうしても、「なにが顧客にとって必要なんだろうか」と考えがちです。そして、こんなものが必要じゃないかな？　と言って、余計な機能を付けてしまうことが往々にしてあります。

ここに拍車をかけるのが付加価値の付加という単語。読んで字のごとく付け加えることだと思って、やはりいらない機能を付け足してしまいます。売れない家電製品などがまさにこの典型です。

ニーズは〝必要〟と訳してはいけません。少なくともお金を儲けようという時には〝必要〟ではありません。ニーズは〝問題〟と訳さなければいけないのです。

要は、問題を発見して解決するから付加価値が生まれるのです。

問題は抽象度を上げることで見えてくる

では、ニーズという名の〝問題〟を発見するために必要なものとはなんでしょうか？　それは、抽象度をひとつ上げることです。

もの凄《すご》く簡単に言ってしまえば、物事を俯瞰《ふかん》して見ることですが、そこにあるのは高度な判断や客観性、そして物事の統合力までが含まれていると思ってください。

例えば新入社員の立場で見る問題と社長の立場で見る問題は違うということです。新入社員が利益を上げたいと思ったら顧客とコンタクトを取ることが不可欠です。しかし、社長の立場で利益を上げたいとなったら顧客と会うよりはコストダウンを考えたほうが遥《はる》かに効果的です。要は人員削減を含めた経営のスリム化です。

居酒屋チェーン店の場合でいえば、お客は来れば来るだけ売上が上がりますから店長としては「ありがたい」のですが、アルバイトは時給制ですから、来れば来るだけ「ありがたくない」のです。

このように、抽象度に差があると同じものを見ていても〝見えるモノ〟が違ってくるのです。それどころか、正反対な見方になることすらあります。そして抽象度の低いほうは、えてして近視眼的な問題、自分だけの問題しか見えません。

この抽象度の低さで象徴的だったのがＡＩＧの倒産です。リーマンショック時、ＡＩＧはＣＤＳ（クレジットデフォルトスワップ）を売りだしていました。ＣＤＳをわかりやすくいうと、Ａ社がＢ社に10億円を貸した場合、Ｂ社が潰れたら、10億円は返ってきません。そこにＣ社が現れて、この保険契約をしてくれたら、Ｂ社が潰れても10億円は私から払ってあげますよ、というものです。

このＣ社が売り出した保険商品がＣＤＳで、Ｂ社の信用度によって、月々の保険料が変わります。ということはＣ社がより高い保険料をもらうにはＢ社の信用度が下がればいいのです。

そしてＡＩＧは自社のリスクを金融派生商品にしてＣＤＳをブローカーを通して売っていました。これは明らかに違法なのですが、別会社を通していたので外からわかりませんでした。しかも、別会社の役員がＡＩＧのリスクプレミアムが上がるとボーナスが増えることから、空売りなどでＡＩＧの格付けが下がるように画策。その結果ＡＩＧは破綻したのです。

ここまで来ると単なる強欲ですが、抽象度が低いと、問題の発見どころか、問題を発生させかねないことになってしまうのです。

宇宙空間を地上げする

逆に、抽象度が高いと、未来の問題まで見通し、解決することまで可能になります。

これは私が三菱地所に入社したばかりの話です。地所ですから仕事の内容は土地の売買です。しかし、私は宇宙空間も売買の対象になるのではないかと考えました。そこで目をつけたのが衛星軌道でした。衛星軌道をいくつも三菱地所で確保してしまえば、のちのち大きな収益を上げるだろうと思ったのです。

宇宙空間に飛ばせる衛星の数は決まっています。近過ぎると衛星同士が衝突しますから角度は15度に1機。また、高過ぎたら遠心力でどこかに飛んでいってしまいますし、低過ぎたら地球の重力に引かれて落下してしまいます。衛星軌道を安全に回り続けるためには、高さと角度は決まっているのです。

また、費用は当時フランスやアメリカに頼めば、1機150億円で打ち上げから軌道に乗せるまでやってくれていました。その頃、地所がビル1棟のプロジェクトに使っていた予算は1500億円ほどですから、ビル計画を2つやめるだけで20の衛星軌道が確保できたのです。

残念ながら、この宇宙衛星プロジェクトは誰にも理解されませんでした。しかし、あれから約30年、いま世界は衛星軌道の取り合いをしています。日本もGPS衛星を打ち上げましたが、衛星の軌道は他国から借りている状態です。もしも、あの時に衛星を打ち上げていれば、逆に高額のリース料を世界各国から取ることができたのです。

抽象度が低いと問題を起こす反面、高いと「誰も気がついていない問題」まで探し出し解決できてしまうのです。特にこの「誰も気がついていない問題」の良いところは、問題を見つけることが即解決の道につながることで、皆さんが付加価値を生み出そうと考えた時は、これを見つけることがお金儲けの近道になるでしょう。

資本主義社会で問題を解決すると自然にお金が発生する

ところで、〝問題〟にはもう一種類あります。それは「既にみんなが知っている問題」です。

この問題を解決するのは大変です。なにしろ、みんなが問題だと認識しているのに、まだ誰も解決法を見つけられないでいるのですから、相当な難問でしょう。

ただし、この問題の良いところは、本質的な解決法を提示しなくても、多くの人が納得すれば解決となってしまう点です。そして、解決すれば、やはりお金が入ってきます。

例えば地球温暖化がそうです。地球温暖化の真偽はさておいて、世界では多くの人々がこれを問題だと感じています。

これといった解決策が見つからない中、新古典派系経済学者たちの間から出されたのが排出権取引です。二酸化炭素排出量の多い国や企業が、二酸化炭素排出量の少ない国や企業からその排出権を買うことで、地球全体で二酸化炭素排出量を減らしていくというものです（もっともこのやり方には多くの問題点があるのですが本書のテーマではないので詳細は省きます）。がヨーロッパを中心にこれに賛成した人たちの数は多く、金融の大きな世界市場を生み出す寸前まで話が進みました。

ですから、これもやはり問題を解決したことになります。みんなが望む付加価値を多くの人が望む形で提供できています。正直に言えば、この解決法は問題の本質には目をつぶり、金融市場とリンクさせたことで成功しただけです。目的は最初から問題解決でなく、お金を生み出すことでしょう。

しかし、それでも新古典派経済学者たちの抽象度はとても高いものでした。そして、みんなが納得すれば解決であり、やはりお金が生まれるのです。それも巨大なお金です。

抽象度を上げるにはお金を上手に使う

問題を発見するにも、それを解決するにも抽象度を上げればいいということがおわかりいただけたでしょう。

では、抽象度を上げるにはどうすればいいか、特にお金儲けのための抽象度を上げるためにはなにをしたらいいか、皆さんはおわかりになりますか?

それが、「お金の使い方を上手にする」ということです。

抽象度を上げる、問題を見つけて解決する、付加価値を生み出す、など、お金儲けに関するすべてのことは、お金を上手に使うことで達成できるのです。

これを理解するには、さきほどの私の宇宙衛星プロジェクトを発想した流れをざっと解説することで見えてくるのではないでしょうか。

そもそも三菱地所の社員たちは新入社員から社長まで、全員が土地のことしか考えていませんでした。売り物といえば土地、買い物といえば土地です。

しかし、三菱地所にとっての土地とはなにかを考えた時、それは開発できる空間であればいいわけです。となれば、地面である必要はまったくありません。海でもいいし、空でもいいわけです。ただし、海は既に各国がそれぞれ領海を持っていますから、〝買収済〟。となれば残るは空しかないわけです。ですから、私は宇宙衛星プロジェクトを会社に提出したのです。しかし、会社の対応は無視というレベルを通り越して、聞かなかったフリをされてしまいましたが……。結局、会社側の抽象度が低くて計画の意味を理解されなかったのです。やはり、彼らにとって、土地とは地面のことで、買いモノといえばビルだったのです。宇宙だ、衛星だなんて想像もできなかったのでしょう。

たぶん、私がこの計画にもっとこだわりがあれば、本気でスポンサーを募集したでしょう。ロックフェラー家にでも話をしたら、すぐに数千億ぐらい出してくれた可能性もありました。しかし、そうなると、衛星はロックフェラー家のものになってしまいます。それでは意味がありません。私はこれを日本のためにやりたかったのです。

ともかく、これが宇宙衛星プロジェクトの発想の概要です。

そして、この計画におけるお金の上手な使い方とはこの計画を発想したことになるのです。要は、資産家たちを納得させる計画。気持ちよくお金を出したくなるものこ

そが、お金の上手な使い方であり、お金はある人から集めればいいということなので
す。
わかりやすく言えば、第1章で紹介したエンツォ・フェラーリがやったことなので
す。あそこにすべてが集約されています。
付加価値とはフェラーリというマシンそのものであり、抽象度の高さは誰よりも速いマシンを作れると確信し、現実化できること。そしてお金を上手に使うとは、付加価値と抽象度の高さによって作られた計画のことで、この計画が、お金を持っている人にアピールできる商品なのです。
お金はこうして集めるのです。
これを続けていくことで巨大な資産が形成できるのです。

借金は武器になる

以上がお金儲けの方法です。
これで儲けるための考え方と方法論はわかったでしょう。

ただし、最後にもうひとつだけ、とても大きな問題が残っています。それは借金に対する考え方です。借金に対する恐怖と言ってもいいでしょう。

というのも、起業初心者がビジネスを始める時に一番陥りやすいのが、なるべく借金をしないようにしようと考えてしまうことです。スポンサーが集まり、たっぷり資金があればいいのですが、たいていはいくらか金融機関から借金をすることになります。この時、できるだけ多く借りてほしいのです。

しかし、初めてビジネスをする人にとって、借金に対する恐怖心は並大抵ではないようで、多くの人たちができる限り少なく借りようとしてしまいます。実は、それが起業に失敗する一因でもあるのです。

そもそもビジネスで借りる資金は、クレジットローンのようなものとはまったく違います。

デューデリジェンス。つまり、あなたの信用能力をしっかり査定してくれる人たちが、このプランならば貸せると判断したから資金を出すと言っているのです。であるならば、自信を持って借りていいのです。それもできるだけたくさん。なぜならば、資本主義のもとでビジネスを行う場合、資金がたくさんあったほうが戦いに有利だからです。

ビジネスを戦争に例えるならば、資金は武器です。小さな武器で戦場に出るよりは、大きな武器を持っていたほうが戦いに勝てるでしょう。ピストルよりはバズーカのほうが強力だということです。

ですから、どうせ借りるならできるだけ多くお金を借りて、戦いに挑むのが勝つための鉄則です。

ビジネスにおける借金は返さなくていい

しかし、私がここまで言ってもなかなか借金を嫌う人は減りません。その理由は、もしも返せなかったら、どうしようと思ってしまうからでしょう。

ところが、ビジネスにおける借金は返さなくていいのが基本なのです。これをわかっていない人があまりにも多過ぎます。

だから、なかなか起業家が日本では育ってこないのです。

そもそも、ビジネスもスポーツと同じようにルールがあって、もしも負けてしまったら負けという記録は残りますが、命までは取られないということを理解してください。

つまり、ゲームとして捉えてもなんの差し障りもないということです。

ここはとても重要です。

ビジネスにおいても、ルールどおりやっている限り、たとえ負けたとしても必ずセーフティーネットで救われるようになっているのです。

そのルールが民法、商法、税法であり、セーフティーネットが企業で言えば清算であり、個人でいえば自己破産などです。清算とは会社を解散処分することで、その時点でどれだけ借金が残っていようとすべて帳消しになります。

「でも、家や土地を全部持って行かれて帳消しと言われても意味がない」という人もいるでしょう。もちろん、それらを担保に入れてしまった場合は仕方ありません。

仕方ありませんが、逆にいえば家や土地を手放した時点ですべてチャラ。それ以上借金が残っていても、それは消滅してしまうのです。しかも、清算にはなんのペナルティも発生しません。自己破産の場合は約10年ほど金融機関からの借金ができなくなりますが、清算にはそういった制裁措置はないのです。ルールを守っているフェアなプレイヤーであれば、借金はすべて帳消しになるということです。

多くの人が勘違いしているのは、自己破産したら人生終わりだと思ってしまう点です。自己破産しても、再度会社を立ち上げて成功した人はいくらでもいるということを忘れないでください。

また、自己破産したら、借金を踏み倒すことになるので、申し訳ないと思うのも間違いです。金融機関が貸す金は、そもそも実態はありません。いま銀行は自己資本の8倍の金を貸し出すことができるようになっており、具体的にいえば100万円持っていたら、800万円まで貸していいのです。つまり、増えた700万円はなにもないところから生み出しているのです。銀行は、この700万円を貸して金利を取ることができます。まさに濡《ぬ》れ手に粟《あわ》の商売をやっているのです。ですから、何回か利子分を払った時点で銀行はペイしているのです。貸したお金が返ってこなくても銀行側は、本当はまったく困らないのです。

その逆に、サラ金などで借りた金は返さないといけません。彼らは本当に自己資金を貸しているからです。ですから、サラ金に手を出す前に、ギブアップするというのも重要です。その時点ではまだ誰にも迷惑をかけていないからです。

最後に、簡単にお金を借りる方法もいくつか紹介しておきましょう。

まず、100万円ぐらい自己資金があるならば、それを銀行の定期預金に入れてください。そうしておけば、普通の金融機関なら500万円ぐらいなら簡単に貸してくれます。そもそも銀行はお金を借りてもらったほうが金利を取れるのですから、なるたけ貸したいのだと理解してください。

また、商売を、初めてやる人ならば創業資金を利用するという方法もあります。

これは新たに事業を始める人のために国が金融公庫を通じて融資するものですが、昨年7月、国会に小規模企業振興基本法が提出され、これまで以上に小規模企業への融資及び資金調達がスムーズになっています。

慣れている行政書士に頼めば、公庫の審査が通りやすくなるポイントをアドバイスしてもらいながら、書類の作成を進めることもできます。ともかく、国も金融機関も、新しいアイデアを持って起業する人を大いにバックアップする態勢を整えているのです。これらを利用しない手はないということです。

第4章
資産を作るメンタリティ

本当のお金持ちはお金を大して持っていない

皆さんは、これからお金持ちを目指す（本当はお金持ちではなく、リッチを目指すのですが、詳しくは第5章でお話しします）のですから、目指すべきお金持ちがどういうものかを理解しておかなければいけません。

では皆さんは、お金持ちと貧乏の違いがなにかわかりますか？

収入が多い人がお金持ちで、収入が少ない人が貧乏。そんなふうに、もしも考えていたら、それは致命的な間違いです。その考えこそ、まさに貧乏への道ですから、ただちに改めてください。

お金持ちと貧乏の差。それは資産の差であり、所得＝キャッシュの差ではないということを最初に理解する必要があります。なぜ資産なのかといえば、お金儲けのゴールは資産を形成すること以外にないからです。

実は本当のお金持ちはお金なんか大して持っていません。その代わりに持っているのが巨大な資産です。その巨大な資産が生み出す金利や配当金で、彼らは日々の生活を送っています。しかも、資産そのものが日々大きくなる仕組みになっています。この日々大きくなっていく資産はラテント・アセット＝含み資産であり、現金化するまでは顕在化しません。つまり、これには所得税がかからないのです。

その一方で、ほとんどの所得を給料でもらっているサラリーマンは、当然所得税を払うことになります。資産家に比べれば金利にもならない所得であるのに、サラリーマンの収入には税金がかかり、資産家が持つ巨大に膨らむラテント・アセットはノータックスのまま。資産が資産を生み、その資産には基本的に税金はかからないのが、お金持ちの世界です。

これは良い悪いで判断するものではありません。資本主義社会におけるお金持ちとは〝資産持ち〟だということです。そして私たちが目指さなければならないのは〝資産持ち〟になるということを、この章では徹底的に理解してほしいのです。

貧富の差は所得格差ではなく、資産格差

ところで、いまいった資産とキャッシュの力関係について、否定的な意見を展開し

ている著書が昨年から世界的ベストセラーになっています。

その著書とは、フランスの経済学者トマ・ピケティの著書『LE CAPITAL』(邦題『21世紀の資本』みすず書房刊)です。ピケティは本の中で「RがGよりもあまりに大きいから貧富の差が生まれる」と指摘しています。

このRとはrate of return of capital=資本利益率のことで、Gとはthe economy's growth rate=経済成長率のこと。これをとても嚙《か》み砕いて説明すると、Gはサラリーマンの所得の伸び率で、Rとは資本が資本を生む速度。GよりもRが大きいということは、富める者はますます富み、貧乏人はますます貧乏になる、ということです。そして、ここで注目すべきは世界の貧富の差は所得の格差ではなく、資産の格差だと指摘している点です。

要は、個人が懸命に働いて所得を上げても、お金持ちが持つ〝資産が自然に生み出す資産〟には敵わないということ。問題は個人の努力ではなく、社会システムにあるということです。

この状況を打破するためにピケティが提案しているのが、所得に課税するのではなく、資本に累進課税をかけるべきというもの。こうすれば、不公平は収束していくという主張です。

たしかに、そのやり方ならば、お金持ちは遊んではいられなくなります。資産が資産を生み出せば、そこにガンガン税金がかかってきます。働けど働けどなおわが暮らし楽にならざる人ならば、それはとても痛快なことでしょう。しかし、残念ながらそれは現実的ではありません。

なぜなら、そんなことをした瞬間、資産家たちはただちに法人を作って、そこに資産を移動してしまうからです。もちろん、それは明らかな脱税であり、これを防ぐためには法人にも資産累進課税をかけなければならなくなりますが、そんなことをしたらどうなるでしょうか？

例えば東京電力は絶対に原発を廃炉しなくなるでしょう。というのも廃炉にして代わりの発電所などを建てたら、それは純資産ですから、いきなり課税されてしまいます。そんなことをするくらいなら、減価償却が終わった古い原発をそのままずっと使い続けるほうが得です。道路も電線も水道管も架線もすべての社会インフラがこうなる可能性が高まります。これを避けるためにはインフラに関する事業は国営にせざるをえなくなります。

もちろん、そういう選択肢も決して悪いことではありません。社会インフラを私企業におろすことによる弊害は既に世界各国で現実に起きています。例えば、アジアや南米で飲料水を独占し、多くの死者を出したのはピケティの母国フランスの水企業だったはずです(詳しくは拙著『日本人よ、目を覚ませ!』を参照してください)。

ですから、全部が全部悪いことはないのですが、一番の問題はほとんどの企業がイノベーションに投資することをやめざるをえない事態になってしまうことです。そうなれば、経済成長も止まり、ついには資本主義も終わってしまうでしょう。もっともピケティの主張はそこにあり、それゆえに、『LE CAPITAL』は過激な経済書、21世紀の資本論といわれるのですが。

資産累進課税うんぬんについてはいかんせん現実味がありませんでしたが、その前の資産と所得の関係についてのピケティの指摘は至極もっともです。お金持ちとは、所得ではなく、資産を持つものなのです。

ただ、ピケティの主張にはいろいろと問題もあり、これについては拙著『21世紀の資本論』の問題点』をお読みください。

ちなみに、個人的にマルクスの『資本論』は、現在の金融資本主義社会にあって、いまこそ、重要な書物になると思っています。いずれ近いうちにこの書物については一冊の本の形にして世に問おうと思いますが、とりあえず、いまはお金儲けの話ですので、現実に即した提案をしていきましょう。

自転車操業者の憂鬱《ゆううつ》

ピケティの主張を待つまでもなく、本当のお金持ちは所得が多いのではなく、資産が多いことをいいます。それも目減りする資産では意味がなく、放っておいても増えていく資産、つまり含み資産をどれだけ持っているか、なのです。

ですから、これからお金儲けをしようという人もキャッシュを稼ぐと同時に資産のことも考えないといけません。そうしないと、結局、貧乏に逆戻りしてしまう可能性があると覚えておいてください。

よく、現役時代に何十億とギャラを稼いでいたスポーツ選手が引退して数年で貧乏生活を送るはめになったという話を聞きますが、それはお金を資産に変えていなかったからです。あるいは目減りする資産を買っていたからです。

そんなことにならないよう、しっかり資産を作っていきましょう。

では、含み資産を作るためにはなにが必要か？

まずは基本的な会計知識です。ＢＳ（貸借対照表）とＰＬ（損益計算書）ぐらいは理解しておきましょう。ＰＬは収入と支出で、常に収入が多い状態を維持すること。この時大切なのは収入の額ではなく、あくまで収支のバランスです。収入が1億円あっても支出が1億1000万円あったら、当然ながらバランスが悪い状態です。

ＰＬが収支のバランスならば、ＢＳは資産規模の話。どのくらいの資産があってどのくらいの負債があるかを1年に一度、数字にするのがＢＳになります。当然ながら、含み資産を意識するとなれば、大切になってくるのはＢＳのほうです。しかし、自転車操業者にとって大切なのはＰＬです。はっきり言えば目先のキャッシュに追われて戦々恐々とする日々です。自営業者でもサラリーマンでも月末の払いに四苦八苦している人は、目の前を現金が通り過ぎていくばかりで貯金ゼロ。一体この先どうなるんだろう？　と不安に駆られるばかりです。

お金持ちはグランドピアノの上でメシを食う

しかし、そこで不安になることはありません。生活費を払うのは当たり前ですし、そのために現金がなくなるのも当然。支出のお金が足りないのならば問題ですが、とりあえず入りと出がトントンならば収支のバランスはあっています。貯金ゼロでもなんの問題もありません。

問題があるとすれば、収支トントンの状態で含み資産を作れないことです。お金持ちになる人は支出の内容が自転車操業者とはまったく違うのです。

例えば、子供のためにピアノを買うとしましょう。日本の住宅事情を考えると大抵はアップライトピアノを買いたくなるはずです。

しかし、お金持ちのメンタリティを持っている人は、たとえ、部屋が狭くなろうがグランドピアノを買います。なぜなら、含み資産になるのはグランドピアノだからです。アップライトピアノは売る時には二束三文。ほとんど粗大ごみ扱いです。対して、グランドピアノは買い値を維持し、モノによっては高くなることもあります。しかも、グランドピアノの価格はアップライトの2倍ほど。売ることを考えたら、どちらが得かは、火を見るより明らかでしょう。

日々どんなものにお金を使うのかに気を配ることで、お金持ちになれるか、否かが試されるのです。これがお金持ちのメンタリティです。

大げさに言えば、お金持ちのメンタリティを持っている人は、狭い部屋にグランドピアノを置いて、その上でメシを食うのです。

〝買う〟のではなく、〝売る〟

では、お金持ちのメンタリティとはなんでしょうか?

それは、〝買う〟のではなく、〝売る〟なのです。

どういうことかと言えば、自転車操業者たちの多くは大抵こんな質問を私にしてきます。「儲けるには、どの株を買えばいいですか?」あるいは、「どんな証券がいいですか」と。つまり、彼らの発想は常に〝買う〟ことから始まるのです。しかし、お金持ちのメンタリティの人間は常に〝売る〟なのです。なぜ、アップライトピアノを買わないのか？　それは〝売れない〟からです。なぜグランドピアノを買うのか？　それは高く〝売れる〟からです。この差の意味を理解することが大切でしょう。

例えば、自転車操業者たちの多くがなぜ、株式市場に期待を抱くのかといえば、買うことで安心できるからです。しかし、いまの株式市場はとても恣意《しい》的に動いています。誰かが買うという情報が流れると、それに追随する人々が〝買い〟に走り、その結果、株価は上がります。そして、〝買った〟人たちは「やっぱり上がった。買って大正解」と安心します。

しかし、それは大きな勘違いです。なぜなら、みんなで買い漁《あさ》ったから株価は値上がりしただけだからです。

実際、昨年の1月にこんなことがありました。

これは高く“売れる”のか？　苫米地先生のパイプ・コレクション

政府は株式投資益の免税額を拡大するＮＩＳＡという制度を導入したのですが、このお陰で株式投資に参入する人々が増え、上場企業の株が値上がりしました。決算を控えて、この措置は多くの企業を救い、「あれで助かった」と言っていた大企業の社長さんたちを私は何人も知っていますし、株を買ったほうも儲かったと喜んでいました。

しかし、株価が上がったのはＮＩＳＡに釣られて、みんなで株を買ったからです。それで喜んでどうするのでしょうか。本当に業績が上がった企業の株を買ったのなら、いざ知らず、いつ下がるかわからないモノに金を出してどうするのでしょうか。こんなことで、含み資産など持てるわけがありません。

彼らはムダなものを買っているのです。それどころか、損するかもしれないものすら買っているから、自転車操業者はいつまでたっても自転車操業者なのです。

ファイナンスのゴール

日々収支のバランスを取りながら、「いま含み資産はどのくらいあるか」を感覚的に知っている。これがお金持ちのメンタリティです。

これを持つためのもうひとつの手段が、財政状態＝ファイナンスのゴールを設定しておくことです。

ゴールというとよく、「5年後、年収1億円を達成させる」などと設定したりする人がいますが、ファイナンスのゴールはそういったことはしてはいけません。その反対に資産形成の時のゴールは具体的な数字を決めないほうがいいのです。

お気に入りのギターとJBLパラゴンスピーカーのある部屋で

ファイナンスのゴールは健康管理と一緒だと思うとわかりやすいでしょう。あなたが健康管理を考えた時、血圧はいくつで、体重は何キロでなどとはあまり決めないはずです。ダイエットや高血圧症など目的や疾患がある場合をのぞき、重要なのは正確な数字ではなく、健康な状態を維持することです。

ファイナンスも同様で目標は金額ではなく、収入と支出のバランスの維持です。一定期間の損益が健全な状態で、資産形成がされていることが重要なのです。

含み資産を含めた資産状態をできるだけ長く維持し、それが毎年勝手に増え続けるような状態。それが健康なファイナンスということになります。

ＰＬはこれをしっかりさせるためのもので、含み資産とキャッシュ・フローを意識して日々のお金を使うのです。食事を取るにしても、酒を飲むにしても、洋服を買うにしても、そこに含み資産は生まれるか、どうかは常に頭のすみに置いておかなければいけません。

私の場合でいえば、消耗品と嗜好品はしっかり分けて、お金を使っています。Ｔシャツなどの消耗品は安くて丈夫であればいいということで、米軍御用達のメーカーのものを購入します。

ところで私はギターを弾くのも集めるのも好きです。所有するギターの本数はいま数百本にのぼります。この時、気に入ったギターを買うのは当たり前のことですが、含み資産がどのくらいになるかは感覚的に計算しながらやっています。

というのも私が持っているギターはすべてビジネスの道具でもあるからです。私は特殊音源を作って販売し、ライブも行うプロのミュージシャンでもありますから、ギターは商売道具です。

ですから、買うギターは1本100万円以上するようなビンテージ・ギターばかりです。新品はほとんど買いません。なぜならビンテージの方が音が良いというのもありますが、年々その値段が上がるからです。つまり、私のギターは商売道具であり、なおかつ含み資産そのものでもあるのです。

この1本100万円以上するギターを数百本持っていると、4つのメリットがあります。これはのちほど詳しく述べますが、ひとつ紹介しておくと、私はこのビンテージ・ギターで会社を設立しています。

ギターで会社を作るといっても、ギターを製作販売する会社を作っているわけではありません。これらビンテージ・ギターで出資した会社を持っているということです。出資はお金だけでなく、モノでもできるということを覚えておくのもいいでしょう。

ギターで会社を作る

私がギターを買うのは商売道具だからですが、自分の商売道具を買った場合、それは償却資産になり、費用で落とせることになります。

「それはそうでしょう。商売道具に使うといえばなんでも落ちるでしょ」と思った方はサラリーマンのクセが抜けていません。法人の場合、定款にのっている業務に関連している場合のみ、費用化することが可能です。つまり償却資産として認められます。

しかし、会社化されていない個人の場合は、本当にそれを使って所得を得ていないと経費としては認めてくれないでしょう。ですから、そこは常に頭に入れて、お金を使っていかなければいけません。この償却資産に関しては自分が買うだけでなく、他人がなにをどう買い、どう資産にしているのかを見ておくことも勉強になります。

例えば、ＮＨＫの紅白歌合戦に出場する歌手の衣装が３０００万円だといった記事に接したら、「その衣装は一発で全額償却してるだろうな」と想像できるようになってほしいのです。

なぜ、一発で全額償却しているのかと想像できるのかといえば、来年以降、その衣装は使わないほうが得だからです。なにしろ、使用するのは大晦日《おおみそか》です。一発で全額償却すれば、3000万円がその年の経費として計上できるのです。それを次の年も使おうとすると、全額償却はできなくなり、資産計上する必要が出てきます。

仮に5年償却だったら、1年で600万円しか落とせません。この衣装を使いまわして、収益を出すか、2度と使わず即時償却して3000万円分の利益を圧縮するか、どちらが得かを一瞬で計算できるようになってほしいのです。

もちろん、本当にビジネスを始めて、儲けが出るようになれば、いまぐらいの感覚はすぐに身に付けることができるでしょう。

しかし、ビジネスを始める前から、この感覚を持ってお金を使っておくと、ビジネスそのものの成果も変わってくるでしょう。

本気でビジネスを始めることになれば、どうしてもキャッシュの流れに目を奪われてしまいがちです。しかし、そういう時でも資産形成を考えていくのが本当のお金持ちになる道なのです。

お金持ちになるには一石四鳥を狙う

もちろん、償却資産は1回で全額償却ばかりなんてことはありません。減価償却をしながら使っていくものも当然あります。この減価償却の期間はモノによって違います。例えば中古楽器なら3年です。ですから、１００万円のギターを買ったら、1年目で33万円が経費として計上できます。

さて、ここで、さきほどギターのところで言った4つのメリットについてお教えしましょう。これはお金持ちのメンタリティを得るための大きなポイントにもなります。

それは常に「一石四鳥」を考える、ということです。

いまいったギターの話でいえば、自分が仕事で弾けて経費として償却したので、一石二鳥はすみやかに実現しました。

この一石二鳥は、誰もがやっているもので、資料として本を買えば当然経費で本代は落ちるとともに、本で必要な知識を得ることができます。私の会社では認めてませんが、よくある飲み屋での打ち合わせなんかもそうで、飲み食いできて費用は経費という一石二鳥の発想でしょう。ビジネス関係で、お金を使う場合、一石二鳥は当たり前なのです。

お金持ちになるために大切なのは、ここから三鳥目、四鳥目を出していくことです。まず、三鳥目が、なにかというと、将来売却したときに利益が出ることです。商売道具としてなにを買えばいいか、がここでは問われます。そういう意味では、居酒屋での打ち合わせは資産が残らないので貧乏への道になってしまいます。

では、具体的にどういったものを買えばいいのか？　車は商売道具として買う人が多いので、これを例に取ると、ほとんどの国産車は論外です。日産のＧＴＲなどの名車は価値を維持するようですが、基本的に国産車は買った瞬間に売り値がガタッと下がります。かといってフェラーリを仕事に使うのもメンテナンスや燃費等で通常は問題が出るでしょう。

ですから、買うのではあればある程度車種は絞られてくるはず。思い切り安いものを買って償却するか、値段が維持しそうな高級車を買うか、よく調べて買うべきです（通常はこの間をとって全額経費になるリースにするという選択を選ぶでしょう）。つまり、悩むのは車のスペックなんかではなく、値段が維持できるか、どうか。三鳥目で肝心なのは、含み資産がそこに発生するかどうかです。

私が中古楽器を買う3つ目の理由もそうで、さきほどもいったように中古楽器の償却は3年で、帳簿上でいえば、3年たてば、100万円の中古ギターは償却済みで資産価値はゼロになってしまいます。ところが、市場価格は100万円を維持したままなのです。実際に買い手がすぐ見つかるかどうかはわかりませんが、含み資産になります。モノによれば、値上がりしていることだって少なくありません。これが資産形成になります。これが三鳥目になるのです。

デフレなどウソ

もちろん、売る時に値上がりしていなくても、何年間にもわたって同じ価値が維持できるモノはそれだけで十分に含み資産となります。というのも、日本は常にずっとインフレだからです。

いや、ここ数年デフレだったじゃないかと思う人もいるでしょうが、それは企業が価格競争をしていただけで、実際の日本は一度もデフレだった時はありません。モノ

膨大なギターのコレクション。これは一部

の値段を見るときは、そういう事象を追うのではなく、ベースとなるものを見なければいけません。

つまり、電気水道ガスの値段です。思い出してください。ここ数年で一度でも下がったことはありますか？　電気代は円高の時に申し訳程度に価格設定を変えたことがありましたが、価格が下がったとはとてもいえるレベルのものではありませんでした。ガソリン業界もそうで、価格競争をしているのが常態で、デフレとは関係ありません。

実は本当の物価は下がったためしがないのです。インフレ、つまり通貨の価値を下げたりするために、デフレだと言っているだけで、政官財マスコミの印象操作です。

政府が物価上昇をしかけたいのは、政府の国民からの債務がインフレで目減りするからです。先のピケティも、最近の日本の新聞社のインタビューで、「公的債務を減らすのは物価上昇なしには難しい。2～4％程度の物価上昇は恐れるべきではない」とまで言っています。ピケティ氏が政府側の人であることがよくわかる発言です。

世界が常にインフレ状態であることは少しまともに考えれば、わかるはずです。世界ではデリバティブ市場を許しているのです。ここではいまや想定元本が8京円を超えていると言われて、世界のGDPを遥かに超えています。

ということは、ずっと金余りの状態が続いており、インフレになることはあってもデフレになることなんかあるわけがないのです。モノの値段は常に上がり続けているのです。逆にいえば、お金の価値は常に下がっているということです。そういう中で、価値を維持できるモノに換金しておくことはお金持ちになりたければ必須《ひっす》でしょう。

ただし、モノは売買される時に消費税を取られます。その瞬間に現状利回り8％を失います。それは計算しないといけません。ですから、モノを見た瞬間にコレは何年間で現金に換えるとどのくらいの価値が出るか、消費税分も入れて、瞬時に計算し、これは買い、これは買いじゃないと判断する目が必要になってくるのです。

では、四鳥目はなにか、というと、それがさきほどのギターで会社を設立することになります。この時のポイントは償却が終わっていないギターを使うことです。償却が終わっていませんから、まだ簿価が残っています。この簿価を使って現物出資するのです。例としていえば購入したばかりの100万円のビンテージ・ギターを10本集めれば、1000万円になる計算です。これを資本に会社を設立するわけです。これは私がプロミュージシャンであるから可能なことで、読者の皆さんの多くには当てはまりませんがそれぞれの職業で同様な例があるはずです。

キャッシュをタンス貯金にしていてもなんの役にも立ちませんが、中古楽器に換えれば、まず楽器として弾けて、税金が償却分減ります。これが一石二鳥で三鳥目では含み資産を作って、四鳥目として会社を設立する。これくらいやっていかないと、庶民がなかなかお金持ちにはなれないということです。

一生懸命働くことはとても貴いことです。しかし、それだけではお金持ちにはなれません。お金の儲け方、資産の作り方を知らないと、いっときキャッシュを持ったとしても結局もとの木阿弥《もくあみ》になってしまうのです。

知識こそ含み資産

ここまで一石三鳥、四鳥になる含み資産を買いましょうという話をしてきました。では、そういうものをどうすれば、見つけることができるのか？　といえば、それは「知識」です。どういうものが価値を維持し、場合によっては値上がりするかがわかるマニアックな知識を身に付ける必要があります。

こういうと「そんなマニアックな知識を持ったことがない」「そんなものを身に付ける時間なんかない」と言ってすぐに諦《あきら》めてしまう人がいます。

しかし、見るべきポイントさえ摑《つか》めば、それほど難しいことではありません。マニアの世界はこだわりの世界で、細かいことがいくつもありますが、そういうポイントを摑んでしまえば、逆にそれを目当てに目利きができるようになります。

中古アンプを例にとると、マニアはバージンハンダにこだわります。修理などでハンダ付けを一度でも剝《は》がしてしまうと、それだけで音質が変わってしまい、マニアは嬉しくないのです。当然、バージンハンダでなければ売り値も下がります。

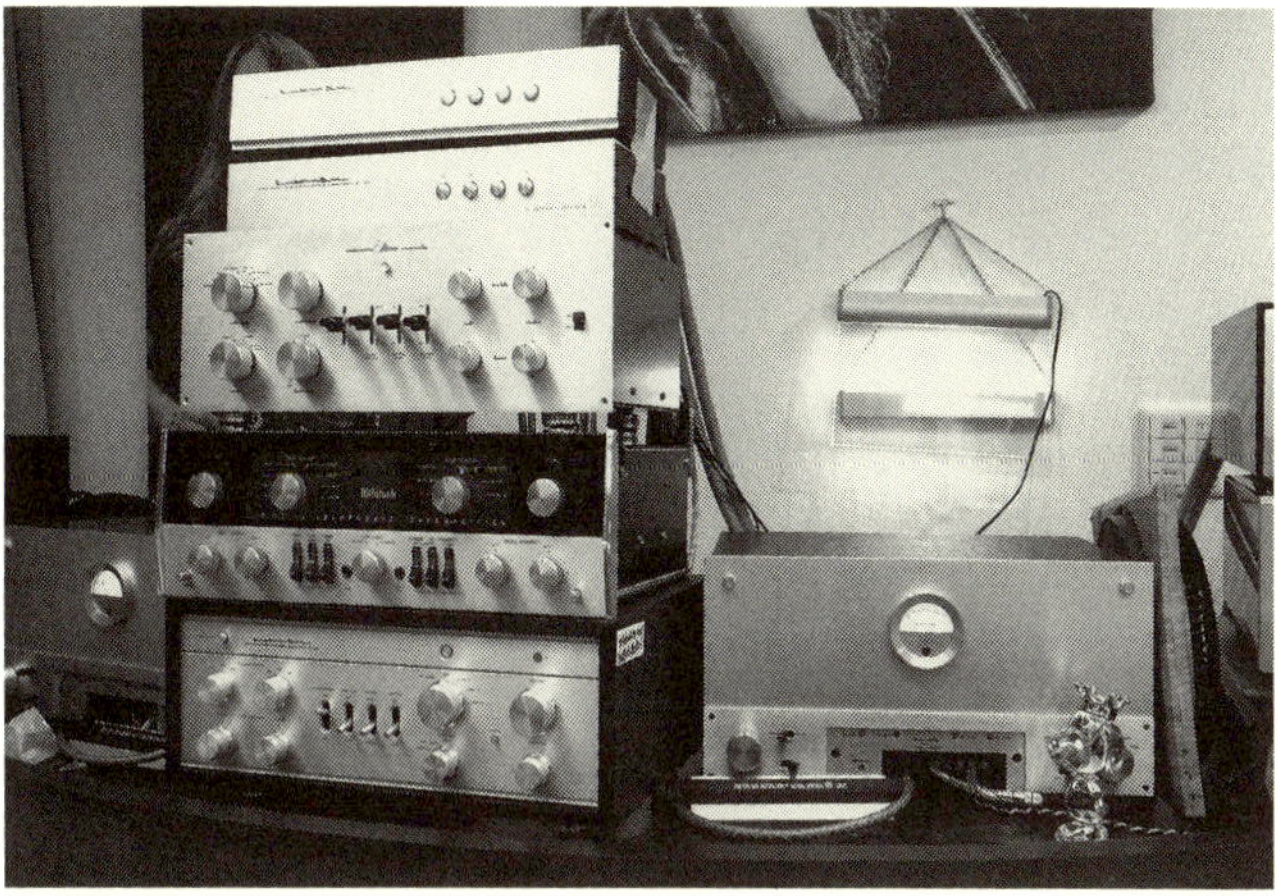

無造作に置かれるマランツ#7と#9

また、中古市場において希少価値は価値を維持する時にとても重要なファクターになりますが、希少であればなんでもいいわけではありません。マランツ＃7というプリアンプは1960年代に大ヒットしたもので、その中にはバンブルビーという貴重なコンデンサーが多数使用されているマニア垂涎《すいぜん》のものです。

当時1台の価格がサラリーマンの給料の数十ヶ月分ぐらいだったと思いますが現在の市場価格だとパーツを一切交換していないオリジナル状態のものならば100万円以上。パーツが交換されてとてもしっかりメンテナンスされていたものなら60、70万円程度で取り引きされているでしょう。

ただし、希少性でいえば、マランツ＃9のほうが上で、1000台しか生産されていません。いま市場に出ている多くのマランツ＃9はほとんどがレプリカモデルです。そんなマランツの売買をもしも商売にしたいと思ったら、あなたは＃7、＃9のどちらを選びますか？

希少価値でいえば、マランツ＃9のほうですが、商売とするならば＃7のほうです。なぜならマランツ＃9では個体数が少な過ぎるのです。50年以上前の製品ですから、ちゃんと音が出る個体はあまりにも少なく商売を継続することができません。

それにひきかえ、マランツ＃7は1万台以上生産されていますから、分母の大きさが桁《けた》違いです。これだけあれば、マランツ＃7専門の販売業者になれます。実際、私の友人には、マランツ＃7に特化した中古アンプ業を行っているものがいるほどです。

マニアにとってなにが重要で、どこにいけば、どれだけそれがあるか、そういった情報を得るにもすべて「知識」がなければできません。知識こそが含み資産を作るのです。

なぜ王様は宝石が好きなのか

もうひとつ、含み資産で大切なことはすぐに換金できることも挙げられます。簡単に言えば、売りたい時に売れること。マーケット性があることはとても大切です。

これはビジネスを行っている時は特にそうでしょう。急に資金がショートして、いますぐにもキャッシュが欲しい時に、換金するまで1年以上もかかる含み資産ばかり持っていても困ってしまいます。

ですから、含み資産も、ずっと持っていて利子や配当金を狙っていくものと、急場を凌《しの》ぐための換金しやすいものの２種類を持っておくことも大切になってきます。

そして、ここでも中古ギターは手頃です。１００万円前後のギターならば世界中にマーケットがあり、大した苦労もせずに換金することが可能だからです。

ちなみに、なぜ王族が宝石を好むのかといえば、王様になると宝石が好きになるからなどではなく、宝石が価値を維持するとともに、どこの国でも換金可能だからです。戦さで負け、城から身ひとつで逃げ出す時にポケットに突っ込んで持ち運びができて、逃げた先で換金できるのは宝石ぐらいでしょう。キャッシュを持っていても、金貨ならばいざ知らず、敗戦国のお札など紙クズ同然です。

含み資産とは、そういう意味でもお金持ちにとってなくてはならないものなのです。

本物のお金持ちとはなにか?

さてこの章の最後に、本物のお金持ちとはどういう人たちなのかを少しお話ししましょう。

実は先日、私はメディチ家の友人とランチをしてきました。メディチ家とはルネサンス期、レオナルド・ダ・ヴィンチやミケランジェロのスポンサーだった、あのイタリアの富豪のメディチ家です。

彼の悩みは「働きたくても働けない」ということでした。もし、働いたら親戚《しんせき》たちから「働かなくても生活できるだろう。そんなみっともないことをするな」と怒られるらしいのです。これが貴族の発想であり、本当のリッチの発想です。

これはなにもヨーロッパ貴族だけの話ではありません。日本の華族だってそうでした。彼らも一切働かず、たまに持ち回りで貴族院議員をやる程度。必要に応じて含み資産を顕在化させていけば永遠に食っていけるのが貴族です。

では、彼らは一体どういう含み資産を持っていたのでしょうか。

例えば、戦前の天皇家の資産は土地でいえば日本全土の半分です。含み資産でいえば、日本全部といっても過言ではないでしょう。また、ロスチャイルド家の含み資産は各国の通貨発行権です。彼らは必要に応じて好きなだけお金を刷ることができます。

このほか、ヨーロッパの元王侯貴族たちはありとあらゆる権利を持っています。オリンピック委員会のメンバーになる権利、ＢＩＳ（国際決済銀行）のメンバーになる権利、ＴＴＰの条文を決める権利など、これらを持っているだけでどれほどのキャッシュを発生させることができるか。これが本当のお金持ちなのです。

そして、彼らを見習って、含み資産を自ら作り上げていったのが、東急電鉄の五島慶太氏や西武鉄道の堤康次郎氏などです。そのやり方は自分の買った土地に駅を造ることでした。駅を造れば、そこはいきなり駅前の一等地。世界中の鉄道家が大富豪なのはこういう理由からです。

そういう意味では、三菱の岩崎家も同様です。事情をまったく理解していない人が、

東京駅の丸の内側に三菱財閥の創始者「岩崎弥太郎」が建てた三菱一号館がある

「なぜ三菱は丸の内の一等地にこんなにたくさん土地を持っているのか」と不思議そうに言いますが、それは話が逆で自分の持っている土地に駅を造って、丸の内を一等地にしたのです。そのお陰で、いま三菱地所などは含み資産2兆円などと言われています。

この含み資産に比較すると、三菱地所の社員が働いて稼ぐ額がどれほど小さいか。ほかの企業に比べれば相当稼いでいることはわかりますが、含み資産の存在感は遥かに大きいでしょう。

あの会社は大きい、凄いというのを多くの人は年商をもってはかりますが、大きな誤解であることがこれでわかるでしょう。

資産の存在感の大きな企業は社員が働こうが働くまいが関係ないのです。第1章でも少し触れましたが、お金を稼ぐことと仕事が本質的に無関係だということがこれでもおわかりになったでしょう。含み資産が生み出す膨大な富は私たち人間がちょっとやそっと働いたところで、とても太刀打ちできるようなものではないのです。

しかし、だからこそ人間が行う仕事には意味が出てきます。社会に自分の機能を提供するのはキャッシュを生み出すことよりも遥かに有意義な行動なのです。

第5章
rich

確実に値下がりするのがお金

最後に、rich についてお話ししましょう。
Rich こそがすべての人間が目指すべきものです。
しかし、日本ではこの rich が誤って伝わっています。
日本では rich ＝お金持ちだと解釈していますが、これはいますぐにでも正すべきとてつもなく大きな間違いなのです。
rich の意味は「豊か」です。この言葉のどこにも、「お金持ち＝お金をたくさん持っている人」という意味は入っていません。
では、「お金持ち」を英訳してみるとどうでしょうか？
rich のほかに wealth という単語も出てきますが、wealth の意味も富や財産であり、お金をたくさん持っていることとは違います。
ヨーロッパには貧乏な暮らしをしている元貴族がいますが、彼らはお金を持っていないだけで、rich であり、wealthy です。なぜなら、お城を持っていたりするからです。彼らは、城は売りたくないから多少の貧乏は我慢すると言います。

これを rich というのです。

Rich とはお金を価値あるものに替えられる人のことをいうのです。もともとお金はモノに替えなければ、それも価値あるモノに替えなければ、意味がありません。その逆にモノに替えずに、お金で持っていると確実に目減りします。その証拠に、黒田東彦日本銀行総裁はインフレ・ターゲットを２％に設定しています。これはお金の価値を毎年２％下げると宣言したことですから、貯金をしていると間違いなく損をします。お金にはマイナス２％の負の金利がついているのに、２％を超える貯金などどこにもないからです。しかも、大抵の先進国ではインフレ・ターゲットを設定していますから、通貨で持っていることはリスクしかないのです。

いいですか、〝リスクがある〟ではありません。〝リスクしかない〟のです。不動産やゴールドなどに変えると値下がりする可能性は確かにあって、ギャンブル的な側面があるのは否定できません。

しかし、通貨で持っていると瞬間的な上下動はあったにしても、絶対に下がるのです。なにしろ、日銀総裁がそう宣言しているのですから。もはやギャンブルですらありません。

確実に下がる物件、それがお金です。ここを間違えないでください。

お金持ちとはお金のゴミ箱のこと

それにしても、おかしいとは思いませんか？

そもそも通貨とは交換のための道具だったはずです。その役目は価値の保存。モノの価値を保存するから交換の道具になるのです。

ところがいまの通貨はどうでしょうか？

東京とニューヨーク、昨日と今日、場所と時間によって通貨の価値はコロコロ変わっています。価値の保存をするというのなら、時間と空間を超えて一定の基準を保っていなければ、役に立ちません。現在の通貨は交換の道具足りえていないのです。

そんなの仕方ないだろう、為替があるんだから、と思った人もいるかもしれませんが、そこに、お金の落とし穴があります。

お金はなんのために作られたのか？

誰のためのものか？

本当はどう使えばいいのか？

こういったことを理解しないまま、お金集めを始めてしまうと、結局お金を集めることばかりに夢中になって、ただの〝お金持ち〟になってしまうのです。

これはとても大事なのでよく覚えておいてほしいのですが、お金持ちになるとは「お金のゴミ箱になる」ということなのです。

お金使いの黒魔術

なぜ、お金持ちが、「お金のゴミ箱」なのかを説明しましょう。

ヒントとなるのは、世の中にごく少数存在する「お金使い」のことをお話しすればわかります。この世には魔法使いならぬ、〝お金使い〟がいて、彼らは指先ひとつで、お金を思うがままに操っています。

例えば、私たちが100万円を持っていた場合、使えるお金は100万円までです。それ以上使おうとすれば、借金する以外に方法はありません。ところが、〝お金使い〟

たちが100万円を持っていた場合、使えるお金は数百万円など当たり前、時には数千万円になることもあります。

私たちは100万円といったら、額面どおり100万円しか使えないのに、彼らだけは何十倍、何百倍に増やしていいのです。

世間では彼ら〝お金使い〟のことを銀行家と言います。そして、手持ちの金を勝手に増やして私腹を肥やしても、不思議なことに誰も文句を言いません。なぜなら、これは法律で許され、準備預金制度と名前までついているからです。

そのカラクリを説明すると、各銀行は顧客から預かった預金額から一定の割合の金額を日本銀行に預けることを義務付けられています。日銀ではこの割合を基本的に0・05〜1・2%と定めています。

なぜ、預けなければいけないのかといえば、民間銀行が過剰融資によって貸し倒れをしても補塡《ほてん》できるようにあらかじめ担保として準備金を入れさせているのです。こう聞くと、預金者の預金を守るとても良い制度のように聞こえます。

ところが、この準備預金制度は視点を切り替えれば、無から有を生み出す魔法となるのです。つまり、0・1%の担保を日本銀行に入れさえすれば、手持ち預金額の1

000倍まで貸すことを認めたことになるのです。要は100万円持っていれば、10億円まで融資が可能になります。ただ、これでは経済は大変なことになりますので、世界の銀行の準備金の内容を包括的に決めるBIS規制というのがあり、実際は8倍ぐらいに抑えられています。とはいえ、8倍までは世界的に許されているのです、銀行家たちだけは。

この増えた分のお金ですが、当然この世に存在しないものです。銀行家たちは、この世に存在しないものを他人に貸して金利を取っています。あまつさえ、借り手が借金を返せない場合は担保物件を没収します。その冷酷さは『ヴェニスの商人』の非情な金貸しシャイロックそのものです。

また、銀行の信用が失墜し、取り付け騒ぎが起きた瞬間、銀行が取引停止にするというのもおかしな話です。預けた金を返せと言ってるだけなのですから、本当ならすぐに返せるはずです。それができない理由は、預金の8倍以上（バブル全盛時代はBIS規制がありませんから1000倍）の金を動かしているので、顧客に返す現金がもともと不足しているのです。

もしも、私たちが普通の商取引でこんなことをしたら、なんと言われるでしょうか？　手待ちが10個しかないのに、「80個ありますよ」と言ったら、嘘つきと言われます。それで損害が生じたら詐欺になります。

ところが、同じことを銀行がしても合法で、しかも、自分の預金を返せと訴えると、「うるさい、取引停止だ」と一方的に通告していいのです。なぜこんなことが許されるのかといえば、システムが先に作られ、法律はこれを守るために作られているからです。

当然ながら各国政府もそれは了解しています。彼らは銀行側の味方で、税金を投入してまで銀行を守ります。まったくなんという不条理な世界なのでしょうか。

本来の銀行業を真面目にやっているのはいまやサラ金だけ

私がこういった話をすると、一般の銀行員から「それは誤解です」とよく抗議されます。「少なくともうちの銀行は違います。借入残高と預金残高を見てください。ぴったり同じ2千何兆円です」などというのですが、銀行が融資をする時は、同じ銀行に口座を作ってそこに振り込むわけで、出入金が一緒になるのは当たり前です。

こういった発言でもわかるように、一般の銀行員たちは自分たちの仕事を本気で理解していません。自分が勤める銀行は、厳重に審査した結果、有望だとわかった人たちに融資した金利で営業していると本気で思っているのです。申し訳ないですが、今時そんな真面目な仕事をしているのはサラ金だけです。

銀行の多くは何倍にも膨らませた資金を使って債券の運用などで稼いでいます。それで損失が出れば、銀行は大き過ぎて潰せないといって税金を使って再建してもらっているのですから、こんな楽な話はありません。

このように、一般銀行員でも、お金の本当の意味、通貨システムの真実に気づいていないのですから、ごく普通に暮らしている私たちがこれに気づくのはなかなか難しいでしょう。

しかし、これに気づいたものだけがrichになれるのです。

ただし、私たちは銀行家のようにお金を意のままに操ることはできません。それができるのは銀行家のトップである国際金融資本家だけです。日本銀行総裁や各銀行の頭取でも無理で、彼らですら、そのおこぼれにあずかるだけです。もちろん、そのおこぼれだけでも巨額ですが……。あとは外資系銀行で働く人々はクラスが下でもおこぼれにあずかりやすいでしょう。

ともかく、トップクラスの銀行家でなければ、この〝黒魔法〟は使えません。本来ならば、間違ったシステムこそ、破壊していくべきものですが、現時点の私たちは、彼らが作ったシステムのもと、彼らが作った通貨を集めなければならないのが現状です。

ですから、その仕組みを理解し、逆手に取る方法を考案しなければ、richにはなれないのです。

ビットコイン

ちなみに、一時話題になったビットコインはこういった状況に反旗を翻そうという試みが最初はあったようなのです。そもそもビットコインは高度なアルゴリズムによる計算量の複雑性を金銭価値とした仮想通貨で、一時中国での使用が許可されて一気に注目されました。

その一方、アンダーグラウンドの人たちがマネーロンダリングの方法としても利用するようになり、当局の監視干渉がきつくなるとともに、中国での使用も中止となり、あっという間に評判を落としてしまいます。

しかし、このビットコインの一番の問題点はマネーロンダリングではなく、現実の通貨との兌換性《だかんせい》を持たせてしまったことです。

ビットコインを作った人たちは、ＦＲＢなど金融資本家たちと戦うひとつの可能性として、これを作ったようですが、現実の通貨とリンクさせてしまった瞬間、彼らの手中に落ちてしまうのは当然でしょう。

本当の仮想通貨は私が１９９０年代に創案したベチユニットです。これは情報空間の価値はベチユニットと交換でき、ベチユニットによって情報空間の価値は買えるというものです。

例えば、イチゴは安いものなら２００円。高級イチゴなら８００円ほどしますが、ベチユニットを使った場合は、イチゴの物理価格は１００円として、残りの差額は、生産者が好きな値段をつけていいというものでした。「どこで穫れたものか」「どんな育て方をしたのか」といった情報価値と交換できるという、まさに付加価値部分がまるごとベチユニットだったのです。ただし、ベチユニットは情報空間の中でしか使えません。いまでいえば、インターネットの中での売買にしか使えませんよというものでした。これならば、現実の通貨との兌換性はありませんから、国際金融資本家たちに影響を受けない、本当の庶民のための通貨になりえたのです。

とはいえ、当時はインターネットも普及していませんから、いくら説明しても、誰にも理解されなかったのが残念ですが。

ビットコインもフィロソフィーの部分は当初、ベチユニットと一緒だったようですが、結局は自分たちもお金が欲しくなって、兌換性を持たせて、銀行家たちに吸収されてしまったのが残念でなりません。

中央銀行総裁は畳の上で死ねるのか？

それでは、銀行家たちが作り上げたシステムについて、順を追って解説していきましょう。

さきほど紹介した準備預金制度。これで大きな役目を果たしているのが中央銀行です。中央銀行の仕事の一般的解釈は、銀行券を発行し、市中銀行に通貨を貸し出すとともに、通貨価値の安定を図るために金融政策も行う、といったところでしょう。

ところが、実際の中央銀行の仕事をみていくと、銀行券の発行及び市中銀行への通貨の貸し出しはいいとして、金融政策についてはかなりの疑問が残ります。彼らのやっていることは逆に通貨の安定を崩しているからです。現代の貨幣価値が乱高下したり、国債価格が下落するのは市場の原理ではなく、彼らこそが原因といっても過言ではないでしょう。

何度も引き合いに出して申し訳ないですが、日銀総裁の黒田東彦氏のインフレターゲット２％にしてもそうです。さきごろ氏は「まもなくインフレ２％が達成される」と言っていましたが、それは果たして誇れることでしょうか？

デフレからインフレになったといっても、その中身は、金融緩和で円安に導いて輸入価格を上げ、そこに増税が加わって〝モノの価格〟が上がっただけです。要は、コストプッシュと増税でインフレターゲットを達成したわけで、肝心要の〝モノの価値〟を上げたわけではありません。現にいまの日本経済を見てください。ロクに賃金アップも達成されず、実質的な失業率も下がったままで、庶民の購買力は実質どんどん下がっています。そのお陰で景気は下がり、物価は上がりで、ターゲット達成どころか、最悪の帳尻合わせの完成です。結局、またしても庶民が貧乏くじを引かされてしまいました。

たぶん、黒田総裁だってそのくらいのことはわかっているはずです。わかっていながら「インフレターゲットはまもなく達成します」と言うのですから、各国中央銀行の総裁というのは本当に畳の上で死ねるのかなと思ってしまいます。

中央銀行の本当の仕事はたったひとつ

根本的な話、日本銀行はなにを根拠にインフレターゲットを2％にしたのでしょうか？

お金はモノの価値の保存、モノの代替物という原点に立ち返れば、インフレターゲットは2％ではなく、ゼロ％でいいはずです。インフレでもデフレでもないフラットな状態を常に維持するのが、最もお金を使いやすくすることになるのですから。つまり、中央銀行の仕事は、本当はたったひとつしかありません。デフレもインフレも起こさないように通貨発行の調整をするだけなのです。

インフレターゲット２％がまもなく達成できるのなら、ゼロ％インフレターゲットだって当然できるのに、なぜそれをしないのか。いえ、そもそもの疑問は中央銀行に金融政策を担わせていいのかということです。

ここでインフレとデフレの関係をわかりやすく解説しておきましょう。

あるものを５円で作って10円で売ると５円の利益が出ます。これを付加価値５円が発生したといいます。これをこのまま放っておくと、デフレになるため、日銀は新たに５円のお金を刷って、デフレを防ぎます。ただし、この時、10円刷ってしまうと刷り過ぎでインフレになります。ということは、国内に付加価値が増えた分だけ、過不足なくお金を刷ればインフレもデフレも発生しません。インフレとデフレの関係はたったこれだけのことです。

また、いま話した付加価値を国の規模で見ると、それがＧＤＰになります。ですから、単純な話、日本銀行はＧＤＰが増えた分だけお金を刷っていれば事足りるのです。マネタリー政策がどうのこうの、インフレターゲットがどうのこうのという必要はまったくありません。彼らは、全国民が生み出した付加価値＝ＧＤＰの増加分に合わせて、ただ黙々と通貨を発行していれば、それで十分なのです。

通貨発行に際しての必要な値にしても、人口の増減を把握している総務省と、実際の経済価値を追跡している経済産業省が連携すればすぐに出てきます。値が出たら、その分、紙幣を発行すれば日銀の仕事は終わりです。もっといえば、紙幣を発行するだけならば日銀など必要ありません。造幣局で紙幣も刷るようになれば十分です。

ということは、この世に中央銀行は必要ないのです。

であるのに、あたかも絶対に必要であるかのように喧伝《けんでん》し、実際、どこの国にも中央銀行が存在するのはどうしてでしょうか？

魂を売った経済学者たち

中央銀行の歴史を遡《さかのぼ》ると、イングランド銀行にいきつきますが、現在の金融市場に良くも悪くも最も影響力があるのはアメリカの中央銀行であるＦＲＢです。このＦＲＢがなぜ出来たのかといえば、その理由のひとつはアメリカの経済学者たちが金に目がくらんだ結果です。

現在は少ないですが、昔は中央銀行など必要ないという学者はかなりの数いました。

ところが、ある年を境に、中央銀行不要論を唱える学者は駆逐されてしまいます。

１９１３年の少し前、急に多くの経済学者がアメリカには中央銀行が必要だという論文を書きだしました。なぜ、そんなものが出たのかといえば、モルガン家やロックフェラー家から多くの研究費が、経済学研究のために用意されたからです。ご存じのようにモルガン家とロックフェラー家は、アメリカの経済を支配した銀行家です。学者たちは競って、この金を得ようと、彼らに擦り寄りました。

その結果、アメリカ国内で中央銀行待望論が醸成され、１９１３年の年末、多くの上院議員がクリスマス休暇で不在中なのを狙って、ウィルソン大統領が連邦準備制度を成立させてしまいました。こうして連邦準備制度理事会（ＦＲＢ）と、12地区の連邦準備銀行が出来ました。

これまでの著書でも書いていますが、このＦＲＢはアメリカ政府の資本は一切入っていない、１００％民間銀行です。オーナーはモルガン家、ロックフェラー家、ウォーバーグ家、ロスチャイルド家といった銀行家たち。経済学者たちは、彼らのために、自国民の利益とは関係なく、中央銀行必要説というストーリーをばらまいたのです。

経済学はもともとありえない学問

経済学のことが出てきたので、ついでに触れておきますが、私は経済学そのものが銀行家によって作られたのではないかと疑っています。というのも学問としての体を最初の段階からなしていないのです。

驚くべきことに、経済学は、完全情報と合理的判断が大前提です。市場参加者は全員すべての小売値を把握し、感情には左右されずにどちらがお得かだけで購買するのを想定しています。しかし、買い手にはすべての店の値段がわかり、売り手は買い手のオファーする値段がわかっている市場など、この世のどこにあるでしょうか？

また、合理的判断だけで人が購買行動を起こすというのも大間違いです。私たちはインターネットの店舗で安いものを見つけたとしても、「近所のよしみだから」とか「地産地消だから」とか、「すぐに欲しいから」などの理由で、値段が多少高くても近所の店で買うことが多々あります。経済学はその誕生の時点でその前提から大きくくずれたところから始まっているのです。

通常の学問の世界では仮定が間違っていれば、その仮定は捨て、新しい仮定をうちたてます。ところが、経済学だけは誤っている仮定を長い間唯一無二のものとし、それをどうにか正当化しようとしてきたのです。これをもしも強引に学問だと言い張るのなら、もはや神学というしかありません。宗教ならば、絶対にありえない条件を正しいと仮定しても問題ありませんから。

特にここ最近の経済学は独立した学問として完全に破綻しています。リーマンショックのあとにハーバードビジネススクールでは、投資家の心理行動というクラスが人気になりましたが、これは前提である完全情報と合理的判断を真っ向から否定したものので、経済学の敗北宣言といっていいでしょう。ノーベル経済学賞にしてもそうで、いまや経済学は行動経済学と名前が変わり、研究の中身は事実上心理学になっています。私がいまさら言うまでもなく、経済学は破滅の道を歩んでいます。

それにしても、もともとなぜこのような学問が必要とされたのでしょうか？

それは銀行業と通貨システムの合法化を強力に推進するための権威付けのためです。

現代奴隷社会の完成

こうしてＦＲＢを作った銀行家たちは、どんな利益を享受したのでしょうか？　それはアメリカ国民全員から利子を取ることができるようになったということです。どういうことか説明しましょう。

例えば、１ドルという通貨を作る場合、まずは財務省が財務省証券＝米国債を発行します。これをＦＲＢが引き受け、アメリカ政府に対して１ドルの小切手を発行します。その小切手がＦＲＢ傘下の銀行に振り込まれた時に１ドルが生まれます。

もっとも、生まれたのは１ドルだけではありません。国債には金利がついているので、アメリカ政府はＦＲＢに金利を払う義務もこの時発生します。

なんと、ＦＦＢはただドルを刷っただけで金利を取れてしまうのです。しかもその金利は、アメリカがその年に生んだ付加価値すべてにかかります。実際、ＦＲＢが受け取る金利と、アメリカ国民が納める所得税がほぼ一致するとさえ言われています。

アメリカ国民約３億人が生み出した付加価値の上がりをなにもしないで懐に納める

暗殺後リンカーンの財布で見つけられたリンカーン大統領の財務省ドル

ケネディのエグゼクティブオーダー11110による政府紙幣

ことができてしまうFRBとは、どれほどおいしい職業か、これでおわかりになるでしょう。

その一方で浮かばれないのはアメリカ国民です。一生懸命働いて、給料を得ても、実はそれがそのまま国の借金となり、その借金を返すためにさらに彼らは所得税を払わされるのです。働けば働くほど借金が増える国。これが現代のアメリカであり、アメリカ国民の姿です。これを奴隷といわずに、なんといえばいいのでしょうか?

もちろん、アメリカも銀行家たちと戦いました。リンカーン大統領もケネディ大統領も、銀行家から国を守るためアメリカ独自の通貨を作ろうと奔走。リンカーン大統領は1862年に法貨条例によって財務省ドルを発行し、ケネディ大統領もエグゼクティブオーダー11110(大統領令11110号)によって政府紙幣を発行しています。

ところが、リンカーンは財務省ドルを発行してから1ヶ月後、ケネディはエグゼクティブオーダーを出してから半年後に暗殺されてしまいます。銀行家たちは、アメリカ国民全員が働いて得た付加価値を濡れ手に粟で手に入れる仕組みを決して手放そうとはしないのです。

お金を作った人々とはこういう人たちです。

そして、お金とは、銀行家だけが得するように作られたもので、お金をお金のまま持ち続けるということは、自分で生み出した付加価値を彼らにタダでくれてやるとても愚かな行為なのです。

だから、私はさきほど「お金持ちはお金のゴミ箱」だと言ったのです。

そして、そうであるがゆえに、お金はモノに替える必要があるのです。それも価値あるモノに、です。

お金をまったく理解していない日本人

「お金持ちはお金のゴミ箱」の話にはまだ続きがあります。

さきほどから私は、アメリカ国民がいかにＦＲＢの奴隷にされているかという話をしてきましたが、アメリカだけの話であれば、私たちは痛くも痒《かゆ》くもありません。アメリカ人って可哀想だなで終わりです。

しかし、当然ながら、これはアメリカだけで済む話ではありません。日米関係を理解していているなら、アメリカ国民が可哀想なら、日本国民はもっと悲惨な目に遭わされているはずでしょう。

さて、日本がどんな悲惨な目に遭わされているかは、国別経常収支というものを見ていくと理解できます。これを見ていくと不思議なことがわかります（2011年から日本はランキングが落ち、現在は14位まで転落していますが）。1984年から2010年まで黒字のトップは途中で台頭してきた中国を例外とすれば常に日本かドイツとなっています。そして、最下位（187位）は常にアメリカです。日本とドイツの黒字額を合計するとアメリカの赤字額とだいたい一致します。またイギリスも最下位近くを維持しています。要は第二次大戦で負けたほうが黒字で、勝ったほうが赤字になっているのです。

私たちはなんとなく黒字のほうがいい気がしてしまいますし、日独の政府もメディアも黒字であることを良しとしています。しかし、真実はまるで逆で、赤字こそがrichの証なのです。巨額赤字国はなぜ、何十年も赤字国でいられるのかといえば、お金を刷るだけでいいからです。

例えば、日本の自動車メーカーがアメリカ国内で自動車を1万ドルで売ったとします。日本が対米輸出で稼いだ頃の1ドル360円計算でいくと360万円が日本に入ってくる計算になります。これはごく当たり前の経済行為ですが、中身をみると圧倒的にアメリカが有利です。日本は資材と資金と労力を使って360万円の付加価値を作り上げました。それに対してアメリカはただ単に1万ドルの紙幣を刷っただけだからです。

こちらは付加価値のある実物を提供しているのに、相手側は、紙に値段を書いて渡しただけ。たとえは悪いかもしれませんが、不良学生が使いパシリにパンを買ってこさせ、代金として1000円と書いた手書きの紙を渡したようなものです。ただし、この方式の凄いところは、手書きの1000円札が流通するということです。それどころか、基軸通貨だという点です。

基軸通貨であれば、誰も文句は言いません。アラブ諸国が石油のドル決済に応じたのも、ドルさえあれば、世界中どこでも物が買えるからです。このオイルダラーの制度は、ロックフェラー家が主導したものですが、この成功がロックフェラー家の、ひいてはFRBの常勝を生み出したのです。

アメリカの大きな欠点

アメリカの仕事はモノを作るのではなく、外貨＝ドルの欲しい国にドルを売るのが仕事なのです。世界中をアメリカの工場にし、製品を納品させる。その対価として、アメリカは自分のところで刷ったドルを渡す。戦後70年間、アメリカはずっとこれをしてきました。

ちなみに、なぜそんなことができるのかといえば、世界最強の軍事力を持っているからですし、ロシアや中国がこの体制に歯向かっているのも強い軍隊があるからですが、本書では余談になるので、話を先に進めます。

ともかく、オイルだろうと、日本車だろうと、自国で作った付加価値をアメリカに納めてドルと交換する。これが〝貿易〟の正体です。

しかし、このやり方にはひとつ大きな欠点があります。この方式をずっと続けていくと、アメリカは大量のドルを刷り続けることになり、遅かれ早かれハイパーインフレが起きてしまうのです。

ところが、戦後のアメリカでハイパーインフレが起きたという話は聞いたことがありません。一体どんなカラクリなのかといえば、それが戦後の日本がずっとやってきたアメリカ国債の購入です。

さきほど日本車を３６０万円で売った話をしましたが、この代金を設備投資や従業員の給料など、日本社会に還元すれば私たちの生活は潤います。しかし、そんなことをされたら、アメリカはハイパーインフレになってしまうので、彼らは日本にこう要求するのです。

アメリカ国債を買え、と。アメリカ国債を買って、大量のドルを買い続けろ、ただし使うなと。それで得た３６０万円でアメリカ国債１万ドルを買ってドルの価値を貿易黒字国の日本が支えてきたのです。だから、日本はずっと米国債保有額が世界でナンバー１だったのです。

日本はドルの廃棄場

もしも日本とアメリカが対等ならば、自分で生み出した付加価値をアメリカでドルに換え、それを日本円にして日本で使えばいいだけです。橋を造ってもいいし、設備投資にしてもいいし、ともかく日本でモノやサービスに交換することで、日本社会は発展します。

ところが、日本はそれを許されず、対米黒字額でドルを買わされているのです。こうやって日本が余剰分のドルを買い上げているから、アメリカはハイパーインフレが起こらないのです。つまり、日本はドルのゴミ箱にされているのです。

なぜ、日本がアメリカ国債を売りに出すことができないのか、それは売りに出した瞬間、ゴミ箱をひっくり返すことになるからです。塩漬けにされていたドルの奔流がアメリカに押し寄せ、アメリカ経済はパニックに陥ります。もちろん、そのパニックは世界中に伝搬しますから、日本だって無傷ではいられません。だから、売れないのです。そして一番可哀想なのは、ドルの廃棄場にされてしまった日本であり、日本国民です。

日本では、満期になった米国債も償還せず、新たな米国債の買い替えをしていますから、これを含めると毎年40兆円から70兆円ぐらいアメリカ国債を買っている計算になります。その額はその年の日本の一般会計とほぼ同額です。

こうやって日本は、アメリカと世界を支えています。ギリシア神話で天空を支えているアトラスのように、未来永劫《えいごう》これをさせられるのです。その一方で、アメリカは世界中から好きなものを買って、金を刷るだけという生活をこれからも続けるでしょう。

国に騙されないことがrichへの道

日本の官僚たちや日本銀行総裁、経団連に所属する企業家たち、大手メディアは、このカラクリを完全に熟知しています。彼らは日本が搾取されているとわかっていて、アメリカに、そして国際金融資本家たちに追従しています。その証拠に、彼らはいまだに、日本は円安のほうが有利だと言っています。

本当は、自国通貨が高いのは国力が高い証拠であり、海外から安く物を仕入れることができるのですから、これほどいいことはありません。日本人が海外で贅沢な暮らしや旅行ができるのも、強い通貨を持っているからです。それを官僚、財界、メディアはわざわざ円安に導き、ムダに物価を上げ、庶民の生活を困窮させています。

なにより悲惨なのはそんなひどいことをされているのに、当の庶民がそれに気づかないことです。円安にすれば輸出品が売れて国力が上がるといった話をいまだに多くの人が信じています。

そんな論理が通用するのは発展途上国の話であって、すでに日本は海外向けの製品は現地で作っています。また現在の日本は輸入超過の国です。つまり円安はＧＤＰにマイナスに働くだけです。ですから、円安にする理由などありません。円安の本当の理由は、外資が日本の資産を安く買うためです。ですからいまの日本の株価が上がっているのです。これはちっとも嬉しい話ではなく、日本の資産が外国に買われているということです。であるのに、日本のマスコミも官僚たちも、円安を喜び、外国人に買われた結果の株価アップを自慢しています。

そして、そんな彼らがいま盛んに推奨しているのが、「株式投資」です。

いま金融庁は昨年から導入された少額投資非課税制度ＮＩＳＡの普及に力を入れ、一人でも多くの国民が株式投資に興味を示すよう宣伝に努めています。

この制度の特徴は年間１００万円までの利益は非課税になる点で、頻繁に売買を繰り返すのではなく、いわゆる安定株を5年、10年と持ち続けるとお得感が出るように設計されています。

素人目には経団連企業を筆頭とする大企業の株が安定株に見えますから、こういった企業の株価は上がり、必然的に安倍政権の〝株〟も上がるという仕組みです。

もっともこの制度の最大の問題は現政権の〝株〟が上がるといったものではなく、人々のお金に対する意識がモノの消費に向かうのではなく、金融市場に向いてしまうことです。なにしろ、ＮＩＳＡを使うと普通５年間（ＮＩＳＡの期間は５年間で、途中で売買を行うと非課税での再利用はできない）は、お金を動かすことができないので、金融市場としてはこんなにありがたい制度はありません。

その逆に、ＮＩＳＡを活用した人々は５年間、お金を塩漬けにしただけです。毎年２％ずつインフレで損をしますから、10・４％以上の運用益が出なければ損が出ます。それは難しいでしょう。それよりも、ＮＩＳＡはそもそも運用益に対して非課税だといっているだけで必ず運用益が出るなどとは一言も言っていないのです。そんなことは当たり前で、もともと株式市場はギャンブルだからです。

ところが、金融庁も証券会社もメディアも、まるで非課税で利率の良い積立預金が出来たかのように宣伝しています。国民全体を投資に向かわせるのが危険なことはすでにアメリカで実証済みです。年金資金を株式や債券で運用することを推奨し、ほとんどの国民がそれを行っていたところにリーマンショックが起こり、多くの国民が元金すら失って途方に暮れています。

余談ですが、現政権はよほどＮＩＳＡが気に入ったのでしょう。現在、０歳から18歳までが参加できる「こどもＮＩＳＡ」も発足させようと躍起になっています。２０１６年を目処《めど》に運用開始を考えており、これに併せて現行ＮＩＳＡの年間上限を１００万円から２００〜３００万円にし、投資を普及させる考えです。

特にこどもＮＩＳＡは、孫のためにお金を残そうとする老人層を引き込むのが狙いで、運用益は子供が18歳になるまで引き出せません。また、こどもＮＩＳＡから現行ＮＩＳＡに移行する際に、18歳の未成年者を株式投資に引っ張り込もうと画策しています。金融庁及び金融市場は、こども版が創設された場合、６０００億円が投資市場に回るとそろばんを弾いています。

これがどういう意味か、ここまで本書を読んできた読者ならばわかるでしょう。金融家たちは国民にお金を使わせたくないのです。使わせずに、ただ貯めこませておきたいのです。国民が貯めた金で、金融家は国債やほかの企業の債券を買います。つまり、国や企業にお金が入るから貯蓄や株式、債券投資をさせたいのです。

彼らの狙いは、あなたをまさに〝お金持ち〟にしておくこと。それはとりもなおさず、あなた自身がお金のゴミ箱と化すことです。

ゴミ箱という言葉が悪ければ、ストレージといってもいいかもしれませんが、要は、お金を使わせないようにしているのです。そして、これこそが最もrichから遠ざかるものなのだということを心しておいてください。

お金を上手に使える人だけがrichになる

この章の最初でも書きましたが、本当のrichとはなにかといえば、豊かなことです。

豊かとは、上手にお金を使う人たちのことをいいます。

ムダにお金を貯めたりせず、使うべきところに使って、一石四鳥の含み資産を作っていく。

では、豊富な知識と高い見識はどうすれば身に付けることができるのか？　それは高い抽象度を手に入れることです。

そして、この豊富な知識と高い見識を持つ人だけがこれを実現させられるのです。高い抽象度を持つと不景気と呼ばれる現在の日本のマーケットが一変します。なんと、これほど稼げる市場は世界でもなかなかお目にかかれないことが見えてくるのです。

「突然なんだ、いままでさんざん、不景気だと言っておきながら！」と思った方もいるでしょうが、実は私は日本が稼げる市場であるから、独立することを勧めてきたのです。

本書をここまで読み進めてくれれば、サラリーマンであることの無意味さは既に理解したことでしょう。そして、そこから抜け出す気持ち、最低でも丁稚《でっち》根性を捨て去る気持ちにはなっていることでしょう。

そして、本当に丁稚根性を捨てることができれば、たぶん、これまで見えていなかったことが見えてきます。

例えばそれは、不景気なのは経団連企業だけだったということです。実は、経団連と経団連を相手にする企業だけが景気が悪く、日本に不況を振りまいていたのです。そこに所属しているサラリーマンが苦しい生活に追い込まれるのは当然でしょう。

しかし、経団連とは関係ないところでビジネスを始めてしまえば、目の前に広がるのは依然高いＧＤＰを持つ日本人たちがいることが見えてきます。私たちは彼ら最高の顧客を相手にこれから生きていくのです。

彼らは私たちがお金を上手に使えば、必ずお金を払ってくれる人たちです。なぜなら、ちゃんとお金を持っており、豊かになりたいと思っている人たちだからです。

私たちはいま日本という最高のマーケットにいます。

ですから、知識と技術を身に付けて、歩み出しましょう。

rich は目の前にあるのです。

おわりに

このところ、お金に関する書籍やセミナーの依頼が多数寄せられています。そこにニーズがあるということでしょう。

これは本書の中でも書きましたが、ニーズとは〝問題〟です。

つまり、いまの日本にはお金に関する問題が山積されており、それに対する解答をなかなか示すことができない状況にあるということです。であるがゆえに、お金に関する依頼が殺到しているのだと思われます。

本書は、この問題に関する解答となります。

お金持ちになりたければ、お金を持ってはいけないこと。その逆にお金を上手に使うことで、本当のお金持ち＝richになれることを丁寧に解説しました。

ただし、それでもまだrichへの道を逡巡《しゅんじゅん》している人がいるかもしれません。たぶん、それは本書がサラリーマンを辞めましょう、と推奨しているからではないかと思います。

もちろん、いま現在満足できる給料をもらっていれば、その必要はないでしょう。ただし、現状への不満や将来への不安を持っているのなら、試してみてはどうですか、と言っているのです。

理想を言えば、起業するのが一番ですが、その道を選ばずとも自分の知識を利用して付加価値のある商品を作り出すことは可能です。商品ができたら、インターネットを使って商売をするという方法だって悪くはないでしょう。少なくとも起業の良い訓練にはなるとは思います。

ただ、ここで勘違いしてほしくないのは、日本は不況だという嘘に騙されないでほしいということです。

ここ数十年、日本はずっと内需の国でした。増税やインフレターゲットなどによって景気が悪くなってしまいましたが、基本的な購買力、ＧＤＰは依然として高いままなのです。

消費が落ちているのは、政府の政策が間違っているからであり、良いものにお金を使いたいという消費欲求はいまでも高いことをくれぐれも忘れないでください。

それさえ忘れなければ、この日本でモノを売ることはまったく不安などありません。なぜなら、そもそも人間はパンのみで生きてはいないからです。どんな過酷な状況の中でも文化的生活を求めるものなのです。

というのも、こんな話があるからです。

これはアメリカとロシアの冷戦時代、ロシアの収容所で本当にあった出来事です。その収容所の囚人は全員、米ソ冷戦以前に資本主義国から共産主義を学びにきていた人でした。彼らは帰国するタイミングを逸し、そのままロシアに残り、収容所送りにされてしまいました。

彼らに待っていたのは過酷な強制労働と飢えでした。ここで空腹を癒やすために、彼らはあることをします。

それはみんなで本を〝読む〟ということでした。といっても彼らのために本が支給されたわけではありません。彼らは自分たちがそれまで読んできた小説、哲学、ノンフィクションなどを口頭で語り合い、物語を共有することで飢えを凌《しの》いだのです。

なにしろ、資本主義国からわざわざ共産主義を学びにくる人たちでしたから、皆知的水準が高い人たちばかりです。小説や哲学などそらで言える人ばかりだったのも幸いしたのです。

そういう文化的水準の高い人々は極限状態であっても文化を欲します。文化で飢えを凌げるのです。そして日本人の知的水準がどれほど高いか、皆さんはよくご存じでしょう。

不況だから、モノが売れない、なんていうのは、経団連たちが振りまいた大嘘です。文化的水準の高い日本人ならばこそ、付加価値の高いものが、いま求められているのです。しかも、いまの日本は極限状態でもなんでもありません。たまたま現在は不況下ですが、実質的には世界一のＧＤＰを維持しているのです。世界一の購買力があるのです。

つまり、お金を上手に使えば、いくらでもビジネスチャンスはあるということです。この日本でならそれは可能なのです。

あなたがその気になれば絶対に rich になれます。

それを決して忘れないでほしいのです。

苫米地英人

付論　ピケティと現代金融資本主義について

■金持ちは負債額が大きいという意味

私の著書『21世紀の資本論の問題点』http://amzn.to/14IWDcV の論点に対して、的はずれな中傷ツイートが複数拡散されている。内容が同じなので、誰か意図的に仕掛けてるよう。Amazon のレビューにも同じ書き込みがあったから確信犯のよう。大人げない。

ただ、「経済通」を装った言い方なので、現在の金融資本主義経済のカラクリを知らない人が、これらの誤ったつぶやきを鵜呑《うの》みにすると困るので、一応、ここに反論しておく。

彼らのツイートは、「ピケティは、資産の計算を資産から負債を引いたネットの純資産としているから、金持ちは負債額が大きいという私の批判は、当てはまらない」

といっている。まずこの誤りを指摘しておく。私が批判しているのは、ピケティ教授が計算で資産から差し引きようがない、虚経済における『負債』のことであり、全く的はずれの批判であるということ。私が指摘しているのは貸借対照表（BS）に載るような負債の話ではない。世界の資産格差を増大している金融資本主義における見えない負債のことだ。もちろんこれの数十倍の見えない資産が生み出されているカラクリだ。

銀行は、準備預金制度で（BIS規制の下）、現在、負債の数倍の貸出しをできる。もちろん信用創出された貸出し金は、自行の借り手預金口座に創出されるので、結果として貸借対照表上は同額の負債も記載される。これがリーマンショックまでの金融資本主義だ。ピケティ教授が対象としているのは、個人の資産家の話で、銀行法人の話ではないが、銀行家がこのカラクリで所得を得ている以上は考える必要がある。もちろん、銀行貸出しの場合は、負債も資産も顕在化しており、純資産は計算可能だ。

私が指摘しているのは、ピケティ教授がなぜか無視している、リーマンショック以降の現行金融資本主義のカラクリだ。つまりデリバティブ経済の話だ。デリバティブは、まず、今頃日本で流行《はや》っているREIT《リート》の後に同じモーチベションで発明された。

最初に有名になったのは、AIGを破綻《はたん》に追い込んだCDS（クレジット・デフォルト・スワップ）だろう。REITが発明されたのは古いが、拡大したのは90年代に入ってからアメリカの金融資本が、当時のBISを逃れるためであるのは幾つかの著書に書いた通り。ビルを買うのに借り手に銀行が直接融資するならBISの対象になる。ローン債権を証券化して売ってしまえば、銀行の貸借対照表から消え、規制対象にならない。それどころか、REIT会社が先に証券で資金調達してビルを買うならば、銀行でなくてもできる。REITそのものは何の信用創出もしないが、銀行が信用創出できる枠を使わないで済むので間接的には信用創出をしている。

銀行以外が本当に信用創出できてしまう走りがCDSだ。CDSは、銀行など貸し手の元本貸し倒れリスクを担保する金融派生商品だ。将来貸し倒れた時には、借り手に代わってその時に銀行に元本を代わりに返すのでリスクプレミアムを年率何パーセントで払ってくれというシステムだ。貸し手の銀行に取っては、借り手が連帯保証しただけのように見えるが、実際は金利を払うのは銀行側で、貰《もら》うのは、リスク引き受け側だ。もちろん、リスクプレミアムは、元本全体の何割のリスクを負うのか、借り手の信用状況はどうなのかで決まる。このカラクリのすごいところは、銀行がうんといえば、誰でもCDSのリスク引き受け人になれるということだ。つまり、誰でもが、銀行になれるということだ。元本の資金はなくても金利は毎年受け取れる。将来の借金（の可能性）で、資金を調達して、借り手に銀行に代わって融資していると理解すればいい。ここで信用創出が起きている。これが元本に対して何度も行われるのが、CDSだ。

実際、銀行などが、自身のリスクを巡り巡って引き受けていた例が沢山見つかり、当時問題になった。それでA－Gは破綻した。A－GのCDSのリスクプレミアムを引き上げて、ボーナスを貰うために子会社の役員がA－G株の空売りなどをしてわざわざA－Gの信用を下げていたからだ。なぜかというと、リスクプレミアムを受け取る権利だけが、社債のワラント権のように切り離されて二次デリバティブとして売られていたので、リスクが上がれば上がるほどディーラーはボーナスが入ったからだ。もちろん、この二次デリバティブが、何度も別なデリバティブと組み合わされて、一般投資家が買うのは、五次、六次などのデリバティブであるのは言うまでもない。

■デリバティブ経済の信用創造のカラクリ

　CDSの基本的な枠組みに戻って考えてみる。ここで、貸し倒れリスクを引き受けることで、引き受け額、つまり、想定される元本額に対して金利を受け取る権利、つまり理論上貸出し資産が創出されたが、それに対する負債はどこにあるのか？　将来、最初の借り手が破綻するならば、将来発生すると言えるが、これは可能性に過ぎず、リスク引き受け人の現在の貸借対照表には記入され得ない。というよりも、その可能性を確率方程式で何度も分散してリスクプレミアムが計算されて、高次のデリバティブが作られているので、数学上では、負債はないことになる。これが、デリバティブ経済における信用創造のカラクリだ。ピケティ教授は、この目に見えない、つまり将来顕在化する可能性はあるが、数学上、高次のデリバティブリスクプレミアムで消滅している負債のことを全く考えていない。だから、「ピケティは、『資産から負債を引いて計算』して」いないのである。

　もっと正確にいえば、この見えない負債に対応する、新たに創出された貸出し元本資産は、明らかにリスクプレミアムという形で、金利を毎年生み出しているにもかかわらず、貸借対照表には記載され得ないのだ。もちろん、BIS規制の対象にもならない。デリバティブはCDS以外にも無数にある。不安定な確率現象なら何でも対象になる。地球温暖化による気温変動デリバティブさえもが売られている。これが、現代金融資本主義における虚経済であり、本当の金持ちはそこにいる。

■現状経済はデリバティブの大きさを知らないと分からない

ツイートのひとつに、これは、「マイナーな」デリバティブの話に過ぎないというのがあった。これはとんでもない無知だ。世界の実経済の合計、つまり全世界のGDPの合計は数千兆円程度である（日本は488兆円）。これに対して、デリバティブの想定元本の総計は、数京円を超える。1ドル70円台の頃の試算であり、現在では、為替と、虚経済の指数関数的増大からもっと遥《はる》かに大きいはずだが、正確に知ることはできない。デリバティブ経済の本体は相対《あいたい》秘密取引であり、上場市場にないので、知り得ないのだ。だが、説明したように想定元本は金利を生み出している。これが世界の所得格差の元凶だ。これらの企業の本社の多くがウォールストリートにあるので、アメリカ中から抗議のデモが集まったのだ。もちろんそれらの想定元本が生み出す金利は、Googleや Apple などの巨大多国籍企業に再投資されているので、こちらでも所得格差を二次的に生み出しているのは言うまでもない。だから、ある程度知識のある事業家は、自分の会社を上場したくてしょうがないのだ、特にニューヨーク証券取引所に。その最近の大型例が、中国のアリババであったことは皮肉だが。

ピケティ教授の資産累進課税の策で、このシステムから利回り所得を受けている現代金融資本家本人や、そこで働くディーラーや社員の純資産にも累進課税をかけることができる。ただし、この虚デリバティブ経済のカラクリそのものはそのまま温存される。目に見えない超巨大資産はそのまま増大し続けるということだ。だから、結局格差は広まり続ける。本当に知らないのか、国際金融資本を敵に回したくないからなのかは分からないが、格差の理由は所得格差ではなく資産格差であると主張するピケティ教授自身の立場に根本的に矛盾する。

それと細かいことだが、ピケティ教授は、資産の話をしている時に負債は差し引き済みであるとツイートがあった。本当だろうか？

彼らいわく、ピケティ教授の調査は、資産から負債を引いた純資産をもともとデータとしているという。彼らは、彼が調査対象としてるのは法人ではなく、個人だということを知らないいらしい。ご存じの通り、日本と同様、欧米も、法人は、損益計算書と貸借対照表を税務申告時に提出するが、個人の納税は、損益計算書のみが提出書類で、貸借対照表は提出されない。つまり、ピケティ教授が調べたのは、金持ちの毎年の所得の推移であり、彼らの本当の資産や負債はもともと調べようがない。これらは、教授が過去にさかのぼって調べた個人の税務申告書からは知り得ないからだ。ピケティ教授は、欧米の所得格差の歴史を調査して、長年の所得格差の結果、資産格差があると推論しているに過ぎない。

それに加えて貸借対照表を申告書類にしたとしても出てこないヨーロッパの金持ちの巨大資産がある。教授が調査対象にした期間より遥かに昔から、ヨーロッパの本当の金持ちは、巨大な領地や金銀財宝などを持っているが、それらのほんの一部を利用して彼らは収入を得ているに過ぎず、資産のほとんどは、税務申告書などで顕在化することなく、含み資産として眠っている。これがヨーロッパの強さの根底にあることは別な著書に書いた。

■ピケティ教授は誰のために本を書いたのか？

ただしこのことを私は問題にしているわけではない。私の反論は、世界の資産格差は、長年の所得格差の結果ではなく、稼いでいる経済空間が違うからだと主張しているのは理解されたと思う。町工場対国際金融資本の差だ。

例として、町工場の設備が社長の個人資産だとして、そこで生み出された利益に現行税制で累進課税するのみならず、その設備の現在価値にも累進課税せよというのが、ピケティ教授の方策になる。一方、借りた（信用創造された）お金を、デリバティブ空間で何倍にも膨れ上がらせても、これらは実体経済外だから資産累進課税の対象にはできない。書いた通り、追いかけようがないからだ。CDSでは、AIGの破綻などを受けて、かつてオバマ大統領がこれをやると宣言していたが、結局あきらめている。もちろん、『資産』と言える想定元本部分ではなく、利回り部分は本来所得課税すべきだが、これは、一般の個人の話で、本当の金持ちはその利回り相当部分さえもデリバティブ空間に再投資し顕在化させない。大体デリバティブ経済においては、書いた通り、利回りではなく数学上の可能性についての確率分散リスクプレミアムであり、上場市場と違い、顕在的に配当利息収入のような計算を当てはめることはできない。

このように町工場で代表される実経済には、資産累進課税は、致命的な打撃を与えるが、国際金融資本のような本当の金持ちは温存される、つまり、正直者がバカを見るザル課税ということだ。一時的には税収は上がるかもしれないが、中期的には資本主義を破壊するのは本に書いた通り。私の主張を理解してくれた人は、ピケティ教授は誰のために本を著したのだという私の疑問に賛同してくれるだろう。所得格差で悩むアメリカ人にもいいガス抜きになるが、本当の格差の元凶から目をそらす本でもある。

私の著書『21世紀の資本論の問題点』は、出た当初から、国際金融資本の虚経済のカラクリを書いたからか、「経済通」を装った人たちから、的はずれな批判が、組織的と思われるほど続いている。その人たちが、外資系銀行／投資銀行、彼らのデリバティブを国内で売る日本の証券会社の関係者なのか、雇われた代理店なのかは、分からないが、利害関係者当人たちが、感情的とも取れる大人げない攻撃を仕掛けてくるのは頂けない。

私は、本一冊を著してピケティ教授の提案を批判した。その私への反論もあるならば、ツイッターなどでの単なるつぶやき感想拡散ではなく、主張を裏付けた一冊の本にして著してほしい。そうでなくては、資産累進課税推進の人たちなのか、国際金融資本傘下の銀行／証券関係者なのかは知らないが、どうしても私の本を国民に読まれたくないので、私の本を蔑《さげす》むツイートをしたいのだと理解せざるを得ない。

または、日本の『経済通』は、デリバティブとレバレッジの差を本当に知らないのかもしれない。

■現在のr>gの本当のカラクリ

私の批判の論旨は単純である。ピケティ教授の言う、r>gを、私は全く否定していない。それどころかピケティ教授が思っている以上に拡大していると言っているのだ。アメリカやヨーロッパで現在起きており、TPPによる金融自由化で間違いなく日本にもこれから起きるさらなる経済格差の拡大。その原因が、ピケティ教授の言うような伝統的な資本収益率の話とは桁《けた》違いの、デリバティブなどの虚経済の収益率の話であるということだ。CDSの例で書いたように、ここでは資本収益率という概念さえ通用しない。なぜなら、資本ゼロで高収益を得ることができるからだ。これが、現在のr>gの本当のカラクリだ。リーマンショック前の全世界の金持ちの確定申告書を何百年遡《さかのぼ》っても出てくる話ではない。つまり、ピケティ教授が問題としている

「r>gの内因性（inherency）が違うのだ。Inherencyが違う以上、教授の提案する資産に対する累進課税では問題は解決されないというのが私の著書の主張だ。

　もちろん、私は資産累進課税が効果を発揮するには全世界の全ての国が同時に導入しなければ意味がないとも書いた。このことはピケティ教授自身が著書（原書）で認めている。ただ、これは起き得ない。資本主義の根本を破壊する資産累進課税を全世界の国が同時に行うことは起き得ないからだ。もしも多くの国が導入したとしても、必ずそれを利用して、導入せずに全世界の資産の移行を狙《ねら》う国が出てくるだろう。今なら、もしも、EUやアメリカが導入しても、ロシアやアラブ諸国が導入せずに世界の富はロシアやアラブ諸国に集まるだろう。このように全世界同時の資産累進課税は、起こり得ない。この私の根本的な批判には、ツイート中傷軍団からは一言も来ていない。解決策が問題の解決性（solvency）を持たない以上、ピケティ教授の提案は成り立たない。

　さらに、私は著書で、ピケティ教授が言うように資産の累進課税を個人のみに行うことも解決性がないと論駁《ろんばく》した。なぜなら、個人が法人をつくって資産を移せばいいだけだからだ。これを防ぐには、法人にも資産累進課税を導入する必要がある。そうなれば資本主義は終わりだ。町工場だけでなく、東京電力もトヨタも巨大な設備投資で収益を生んでいる。設備投資の償却残高はそのまま資産で課税対象となってしまう。そんな税制を導入した国の経済は破綻する。もしも、設備投資を資産累進課税の対象外にするなら、これは本末転倒だ。ピケティ教授自身が書いたように、設備投資がrを生み出しているからだ。この私の批判にも、ツイート軍団からの反論はゼロだ。

もちろん、上記の二つはピケティ教授自身のプランの問題解決性／solvencyのなさを指摘しているもので、私の本質的な批判は、上に書いたように内因性／inherencyの誤りである。「r>g」の現在の金融資本主義における根拠は、デリバティブで代表される虚経済が、労働者が参加する実経済の10倍以上の規模であることであり、これが巨大な収益をごく一部の大金持ちとその従業員に生み出していることだ。この点については、ツイート軍団はどうも理解不能なようで、全く的はずれな中傷が拡散されているのだ。

著者略歴

苫米地英人 とまべちひでと

1959年、東京都生まれ。認知科学者（機能脳科学、計算言語学、認知心理学、分析哲学）。計算機科学者（計算機科学、離散数理、人工知能）。カーネギーメロン大学博士（Ph.D.）、同 CyLab兼任フェロー、株式会社ドクター苫米地ワークス代表、コグニティブリサーチラボ株式会社CEO、角川春樹事務所顧問、中国南開大学客座教授、苫米地国際食糧支援機構代表理事、米国公益法人The Better World Foundation日本代表、米国教育機関 TPIジャパン日本代表、天台宗ハワイ別院国際部長。マサチューセッツ大学を経て上智大学外国語学部英語学科卒業後、三菱地所へ入社。2年間の勤務を経て、フルブライト留学生としてイエール大学大学院に留学、人工知能の父と呼ばれるロジャー・シャンクに学ぶ。同認知科学研究所、同人工知能研究所を経て、コンピュータ科学の分野で世界最高峰と呼ばれるカーネギーメロン大学大学院哲学科計算言語学研究科に転入。全米で4人目、日本人としては初の計算言語学の博士号を取得。帰国後、徳島大学助教授、ジャストシステム基礎研究所所長、同ピッツバーグ研究所取締役、ジャストシステム基礎研究所・ハーバード大学医学部マサチューセッツ総合病院 NMRセンター合同プロジェクト日本側代表研究者として、日本初の脳機能研究プロジェクトを立ち上げる。通商産業省情報処理振興審議会専門委員なども歴任。現在は自己啓発の世界的権威、故ルー・タイス氏の顧問メンバーとして、米国認知科学の研究成果を盛り込んだ能力開発プログラム「PX2」「TPIE」などを日本向けにアレンジ。日本における総責任者として普及に努めている。著書に『洗脳広告代理店 電通』『日本買収計画』『すべての仕事がやりたいことに変わる 成功をつかむ脳機能メソッド40』『税金洗脳が解ければあなたは必ず成功する!』『「真のネット選挙」が国家洗脳を解く!』『TPPが民主主義を破壊する!（ブックレット版）』（すべてサイゾー刊）、『まずは、「信じる」ことをやめなさい』（アース・スターエンターテイメント）、『原発洗脳 アメリカに支配される日本の原子力』（日本文芸社）など多数。TOKYO MXテレビで放送中の「バラいろダンディ」（21:00 ～ 21:55）で木曜レギュラーコメンテーターを務める。

苫米地英人 公式サイト	http://www.hidetotomabechi.com/
ドクター苫米地ブログ	http://www.tomabechi.jp/
Twitter	http://twitter.com/drtomabechi (@DrTombechi)
PX2については	http://www.bwf.or.jp/
TPIEについては	http://tpie.jp/
携帯公式サイト	http://dr-tomabechi.jp/

Knock the Knowing 012

《思いのままにお金を集める》

Dr.苫米地式資産運用法なら誰もが絶対にrichになれる！

第一刷　二〇一五年二月二八日

著者　苫米地英人

発行人　本間　肇

発行所　株式会社ヒカルランド
〒一六二-〇八二一　東京都新宿区津久戸町三-一一　TH1ビル6F
電話〇三-六二六五-〇八五二　ファックス〇三-六二六五-〇八五三
http://www.hikaruland.co.jp　info@hikaruland.co.jp
振替　00180-8-496587

本文・カバー・製本　中央精版印刷株式会社

DTP　株式会社キャップス

ISBN978-4-86471-254-5

ヒカルランド　好評既刊！

新たなる知性の扉を開く！ ノックザノーイング★シリーズ

常識から疑え！ 山川日本史 近現代史編 上
「アカ」でさえない「バカ」なカリスマ教科書
著者：倉山満（憲政史家）
四六変型ソフト　本体1,200円+税
ノックザノーイング★シリーズ004

常識から疑え！ 山川日本史 近現代史編 下
「研究者もどき」がつくる「教科書もどき」
著者：倉山満（憲政史家）
四六変型ソフト　本体1,000円+税
ノックザノーイング★シリーズ006

日本史を学ぶ高校生の３人に２人が使っている山川日本史のどこが変なのか？　日本人に必要な真の歴史の教養とは何か？　本当に歴史を学ぶとはどういうことなのか？　という本質的にラディカルな問題に迫る話題作。

世界の教科書を見ると日本の変さが分かってくる。

山川日本史が山川日本史である限り、書けない限界がある。日本史の教科書の謎に鋭くつっこみを入れる倉山先生。なぜ日本史の教科書が分かりにくいのかを、これ程明解に説いた本はない。あの辛口評論家・斎藤美奈子さんも納得した教科書論。歴史に興味ある読者は必読！

ヒカルランド　好評三刷！

どんな時代にも通用する生き方を手に入れる！

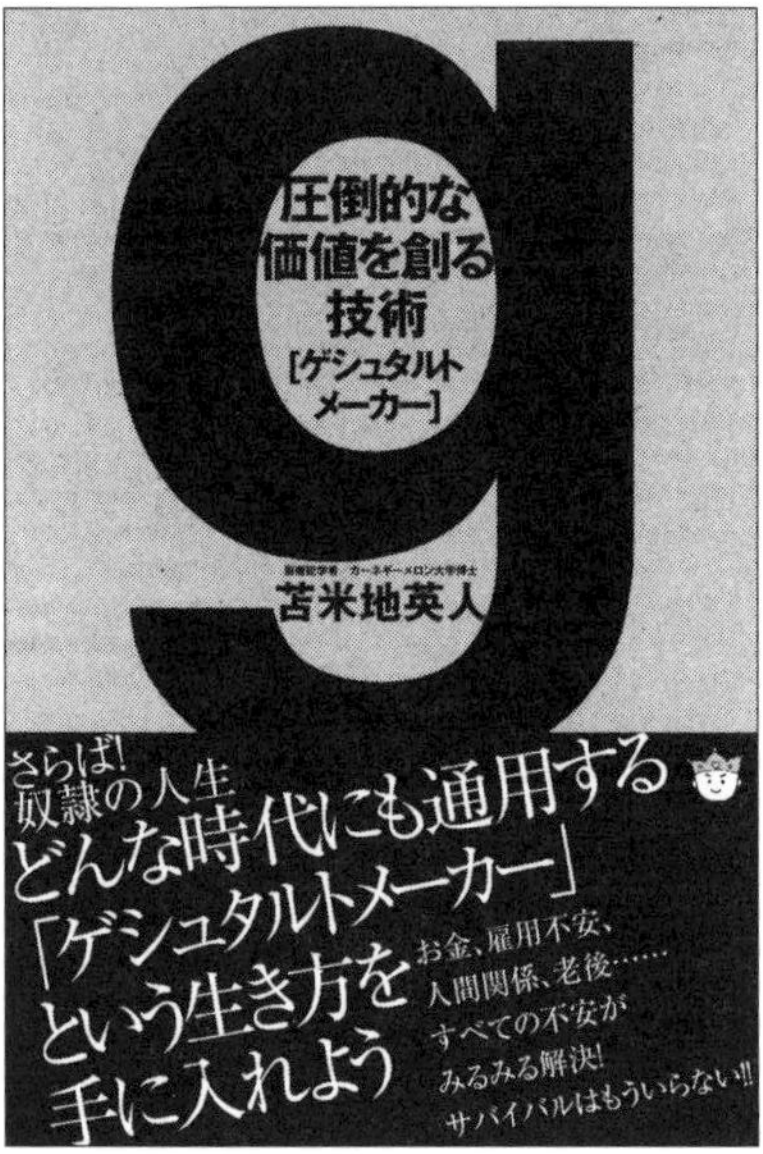

圧倒的な価値を創る技術
[ゲシュタルトメーカー]
著者：苫米地英人
四六ソフト　本体1,400円+税

未来の不安におびえる人たちに与える福音。すべてのサバイバル本はもういらない。これが本当の武器だ！

世の中に溢れるサバイバル本にけりをつける苫米地流生き方の極意！

「これからのビジネス環境は厳しくなるぞ」「景気は最悪だし、回復の糸口さえない」「日本の将来は暗いぞ」「グローバル就職の時代が始まった」……これらの言説はすべて嘘！

世の中の不安洗脳から自由になり、あなたの将来は希望に包まれる。実は真実は簡単、その鍵は［ゲシュタルトメーカー］になること。

すべての若い世代の人間に読んでいただきたい希望と意欲の本。

ヒカルランド　好評四刷!

地上の星☆ヒカルランド　銀河より届く愛と叡智の宅配便

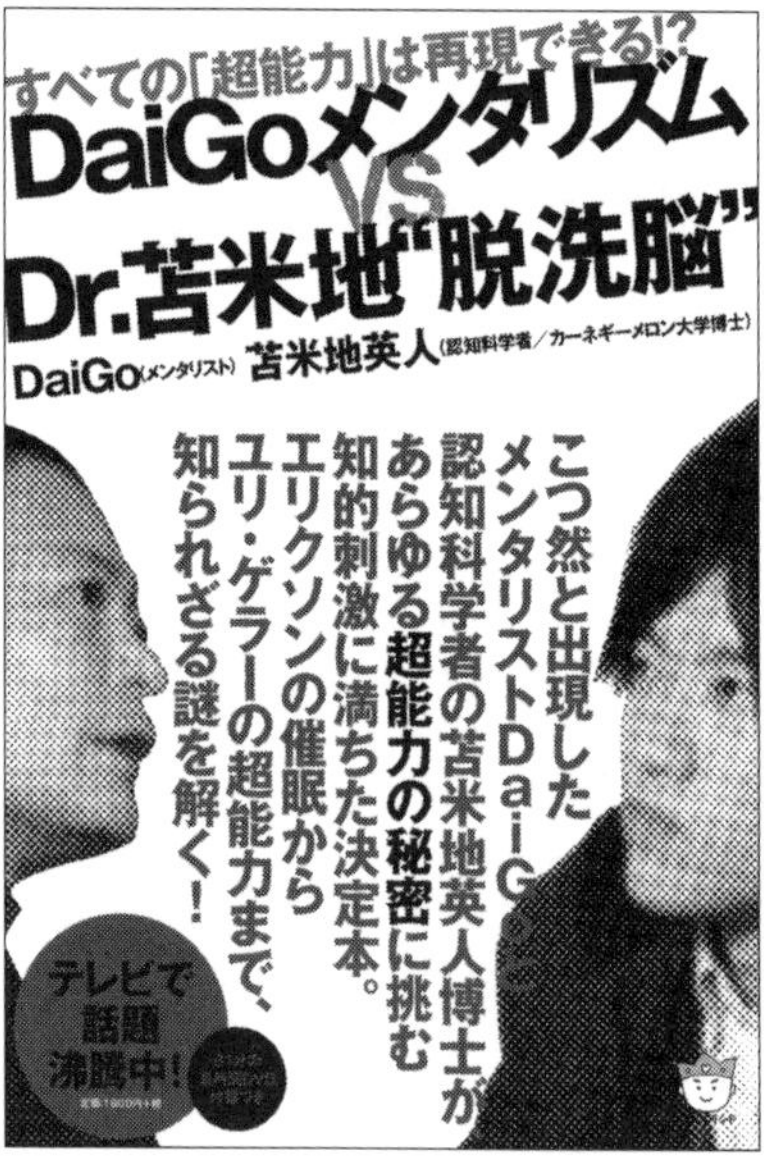

DaiGoメンタリズムvs.Dr.苫米地"脱洗脳"
すべての「超能力」は再現できる!?
著者：苫米地英人／DaiGo
四六判変型ソフト　本体1,800円+税

驚くべき内容の詰ったメンタリズムと洗脳の解明本。脱洗脳の専門家・苫米地博士とメンタリズムを日本に初めて紹介したDaiGoの奇跡的なコラボ。現代人はどのように洗脳されているのか、超能力は存在するのか、なぜメンタリズムは可能なのか、などの根本的な疑問に答える一冊。